Q&Aでわかる
D&O保険の企業対応

山越 誠司・瀧山 康宏・木村 健登・中西 和幸
合田 卓朗・早坂　顕・藤本 和也 〔著〕

中央経済社

まえがき

　最近,巷間で「会社経営者は,健全なリスクテイクをすべきである。」と言われております。会社,特に日本の上場会社については,経営者が健全なリスクテイクをしなければ,会社にイノベーションが起きず,その結果,会社経営がじり貧になってしまう。そのため,会社が持続的に成長するためには,会社経営者が適切にリスクを取って攻めた経営をしなければならない,ということです。

　しかし,この台詞,リスクテイクをした結果,失敗してリスクが顕在化してしまった場合については触れられていません。実際には,会社経営者やそれを監督する取締役,また監査する監査役などの会社役員は,リスクが顕在化した場合,すなわち会社に損害が生じた場合,経営責任や監督責任だけではなく,法的責任,特に民事上の損害賠償責任を負わされる可能性があります。そのため,経営者が安心して健全なリスクテイクをするために,監督・監査をする役員を支える制度が求められています。

　健全なリスクテイクや役員の監査・監督を支える制度の1つこそが,役員賠償責任保険:D&O (Directors & Officers) 保険です。D&O保険は,最近の会社法改正により会社法および会社法施行規則において正面から取り上げられ,一定の要件の下で会社役員は保険料の負担を免れることができることや,株主総会において株主に提供される事業報告にD&O保険について記載が求められることが定められました。

　ところで,書籍に目を向けてみますと,会社役員の責任については裁判例も多く,また,研究書籍も多数出版されており,勉強や研究には事欠きません。しかし,D&O保険について説明した書籍は,調べた限りでは10冊もありません。また,実務に関する書籍もありますが,いざ事故(株主代表訴訟の提起等)が発生したときに何をすればよいのか,という具体的な行動が細部にわ

たって記述された書籍は，見当たりませんでした。

　D&O保険は，保険契約の段階でも様々なことを考慮しなければなりませんし，また，保険金請求（弁護士費用，鑑定費用，和解金・損害賠償金の支払等）時には，保険会社とのコミュニケーションが必要となります。しかし，こうした実務について具体的に書かれている書籍がなく，現場では手探りであったり，保険会社の担当者や代理店からお話を聞いて判断したり，ということしかできないのが現状です。

　そこで，D&O保険について，理論を踏まえつつ実務に即した，実務上本当に知りたい内容の書籍を執筆しようと，保険会社，保険代理店，学者，弁護士が集まり，それぞれの立場から，解説が必要と考えたポイントについてQ&Aの形式で分担して執筆しました。すべてのポイントを網羅的に執筆できているとは思いませんが，重要な点，見落としがちな点など，実務に役立つことを集めております。

　ぜひ，D&O保険への加入から，いざというときのための保険金請求のとき（その時が来ないことがベストですが）まで，本書から必要なポイントを探して実務に活用いただければ，これに勝る喜びはありません。

　最後になりましたが，長年温め続けていた本企画が日の目を見たのは，中央経済社の石井直人様がこの企画を快く引き受けてくださったからです。深く感謝申し上げます。

2024年7月

執筆者を代表して　中西　和幸

目　次

まえがき　i

第1章　D&O保険を考える ── 1

Q1-1　ある著名事件にみるD&O保険の論点・1
Q1-2　会社補償とD&O保険・7
Q1-3　賠償責任保険としてのD&O保険・9
Q1-4　費用保険としてのD&O保険・11

第2章　役員の義務と責任 ── 12

Q2-1　役員の義務・12
Q2-2　取締役の義務違反と会社に対する責任・14
Q2-3　取締役の義務違反と第三者に対する責任・16
Q2-4　会社法の役員責任限定制度・19
Q2-5　D&O保険の必要性・21

第3章　株主代表訴訟の実際 ── 24

Q3-1　株主代表訴訟の具体例・24
Q3-2　株主代表訴訟の内容・27
Q3-3　多重代表訴訟・29
Q3-4　株主代表訴訟の近時の動向・31
Q3-5　株主代表訴訟の進行・36

第4章 証券訴訟，汚職事件，カルテル事件 ——— 40

- Q4-1　証券訴訟と株主代表訴訟の違い・40
- Q4-2　証券訴訟とD&O保険・44
- Q4-3　海外子会社とD&O保険・47
- Q4-4　会社に対する課徴金の損害と役員のリスク・51
- Q4-5　独禁法違反の課徴金とD&O保険・53

第5章 D&O保険の契約構造 ——— 55

- Q5-1　D&O保険で補償される損害の範囲・55
- Q5-2　サイドA，サイドB，サイドC・56
- Q5-3　D&O保険の配分問題・57
- Q5-4　保険料の負担・59
- Q5-5　会社法上の手続(1)・61
- Q5-6　会社法上の手続(2)・62
- Q5-7　子会社役員の保険料個人負担・64
- Q5-8　情報開示のルール・66
- Q5-9　会社有価証券賠償責任補償特約(1)・68
- Q5-10　会社有価証券賠償責任補償特約(2)・70
- Q5-11　会社有価証券賠償責任補償特約(3)・72
- Q5-12　金融商品取引法に基づき課徴金が課された場合のサイドCの補償・74
- Q5-13　雇用慣行リスク・75
- Q5-14　雇用慣行危険補償特約・76
- Q5-15　役員の相続人が訴えられた場合・78

第6章 D&O 保険の免責条項 ——— 79

- Q6-1　不祥事に関与した取締役と関与しない取締役・79
- Q6-2　従業員の違法行為と役員の D&O 保険・83
- Q6-3　免責の個別適用(1)・89
- Q6-4　免責の個別適用(2)・91
- Q6-5　確定判決免責・93
- Q6-6　身体障害等の免責・94
- Q6-7　株主代表訴訟の補償・96
- Q6-8　専門業務危険補償対象外特約・97
- Q6-9　特定事案補償対象外特約・99

第7章 D&O 保険の契約実務 ——— 101

- Q7-1　保険会社の変更時に気をつけること(1)・101
- Q7-2　保険会社の変更時に気をつけること(2)・104
- Q7-3　子会社を売却した場合・107
- Q7-4　他の会社を買収した場合・109
- Q7-5　複雑なリスクを抱える会社を買収した場合・111
- Q7-6　アメリカ上場予定企業の D&O 保険の手配・113
- Q7-7　支払限度額の設定・114
- Q7-8　支払限度額の増額・115
- Q7-9　保険料上昇局面の保険設計・118
- Q7-10　条件交渉を有利に進める方法・121

第8章 子会社のD&O保険 ──── 123

- Q8-1 非上場の子会社のD&O保険加入・123
- Q8-2 親会社の従業員が子会社の役員となる場合・124
- Q8-3 保険契約者の子会社でなくなった期間に行われた行為・125
- Q8-4 出資先の企業に役員を派遣している場合・126
- Q8-5 派遣役員に対する会社補償とD&O保険の適用順位・127
- Q8-6 業務委託契約した人材を役員として派遣する場合・129

第9章 非上場会社のD&O保険 ──── 130

- Q9-1 非上場会社の特有のリスク・130
- Q9-2 非上場会社の株主代表訴訟の特徴・132
- Q9-3 株式譲渡制限の相続に関する争い・134

第10章 D&O保険の事故対応 ──── 135

- Q10-1 保険事故が発生した場合の対応・135
- Q10-2 訴訟前・訴訟提起時(1)・136
- Q10-3 訴訟前・訴訟提起時(2)・141
- Q10-4 訴訟前・訴訟提起時(3)・144
- Q10-5 訴訟前・訴訟提起時(4)・146
- Q10-6 訴訟前・訴訟提起時(5)・148
- Q10-7 訴訟中(1)・149

Q10-8　訴訟中(2)・150
Q10-9　和解(1)・151
Q10-10　和解(2)・155
Q10-11　敗訴判決時・156
Q10-12　判決確定時(1)・158
Q10-13　判決確定時(2)・160

第11章　D&O 保険の保険金請求 ─────── 161

Q11-1　保険金請求に必要な資料・161
Q11-2　保険金請求の流れ・165
Q11-3　弁護士報酬に関する保険金請求・166
Q11-4　提訴請求が届いた場合・168
Q11-5　「事故のおそれ」の通知・169
Q11-6　保険金支払後の保険継続・170
Q11-7　子会社のための事故対応ガイドライン・171

第12章　グローバル保険プログラム ─────── 174

Q12-1　グローバル保険プログラムの導入時の検討事項・174
Q12-2　規制の緩い国の子会社・176
Q12-3　規制の厳格な国の対応方法・177
Q12-4　アメリカの子会社役員を取り巻くリスク・178
Q12-5　親子上場の場合の支払限度額共有問題・179

あとがき　180

第1章

D&O 保険を考える

Q1-1　ある著名事件にみる D&O 保険の論点

　ある上場会社において，経営トップの社長，副社長等が，自らが従業員時代の資産運用の失敗により発生した損失を取り返そうとして，さらにハイリスクの運用に投資して失敗し，多額の損失を計上せざるを得ませんでした。

　ところが，経営トップに就任して様々な会計操作ができるようになったことから，この損失について，いわゆる「飛ばし」により隠匿して時間を稼ぎ，その後M&Aを行う機会に乗じて高額の対価で法人を取得し，その「のれん」代の償却により「飛ばし」た損失を消そうとしていたことが発覚しました。

　その事実関係が第三者委員会の調査で確定し，会社は有価証券報告書と会社法上の計算書類を修正しました。その後，新しく選任された役員が代表者となり，上記の行為を行った取締役はもちろん，その他の取締役，監査役の全員に対して，各種の損失について一部請求として10億円を請求しました。さらに訴訟提起後，株主が代表訴訟を提起し，約600億円を請求しました。

こうした一連の損失隠しおよび損失消去に関わっていない役員は，訴訟手続において和解をして和解金を支払いました。その時，D&O保険は使われず，和解金と弁護士費用は役員個人が負担したようです。

一方，一連の行為に関わっていた取締役については，和解が成立せず判決となり，第三者委員会の調査費用と違法配当分について敗訴しました。この賠償金と当該取締役の弁護士費用についても，D&O保険の保険金は支払われていないようです。

この事件について，役員責任やD&O保険の論点を教えてください。

役員責任やD&O保険の論点として，以下のものが考えられます。
1．従業員時代の行為と株主代表訴訟
2．会社訴訟と株主代表訴訟の関係
3．弁護士費用とD&O保険
4．和解時のD&O保険
5．一部役員の免責事由とD&O保険
6．役員が負う損害の範囲や限度額とD&O保険

解説

1．従業員時代の行為と株主代表訴訟

　従業員時代に会社に損害を与えたり，従業員時代に会社から金銭を借りたりした者が，数年後に取締役に選任された場合，株主代表訴訟を提起することが可能と解されており，傍論で認めた判例もある。

　本件の場合，従業員時代の資産運用の失敗によって発生した損害の賠償については，取締役に就任したことから，株主代表訴訟の提起が可能と解されることになる（ただし，最高裁判決ではないため，逆の結論もあり得る）。

　株主代表訴訟は，本来監査役が会社を代表して訴訟を提起しなければならな

いところ，同僚に対して訴訟提起は難しいであろうと，株主に訴訟提起の権限を認めた制度であるから，請求の原因にかかわらず，また，債務の発生時期にかかわらず，監査役等が訴訟提起をためらう関係にあることに変わりはないことが理由とされている。

　もっとも，D&O保険においては，従業員時代の損害の賠償のような事態は想定されず，また，契約時に告知されていないと思われるので，遡及する特約に含まれるなどの事情がない限り，D&O保険による保険金の支払の対象とはならないであろう。また，含まれると解しても，告知義務違反として免責になるであろう。

2．会社訴訟と株主代表訴訟の関係

　近時は，取締役が違法行為により会社に損害を生じさせた場合，新しい構成員となった取締役会等が当該役員を辞任させ，あるいは解任する事例が増え，その場合，新任の役員が株主代表訴訟を待つまでもなく，会社として損害賠償請求を行う例が目立つようになった。

　このような訴訟は会社訴訟と呼ばれている。株主代表訴訟と異なり株主は当事者にならないが，取締役に対しては監査役や監査（等）委員会が選定する監査（等）委員が代表者として訴訟を提起し（会社法386条1項1号，399条1項の7第1項，408条1項），監査役や監査（等）委員に対しては，代表取締役が訴訟提起をする（会社法349条4項）。

　そして，株主代表訴訟では，印紙額は1万3,000円と低額である（会社法847条1項の4第1項，民事訴訟費用等に関する法律4条2項，3条1項および別表第1一㈠(2)）が，会社訴訟では，印紙代は通常の民事訴訟と同様訴額に応じて決定されるため，あまり多額の訴訟は会社訴訟では提起されない。実際は，会社訴訟の場合，現実的に被告となる（元）役員の支払が可能な金額を訴額として，損害額の全額を請求しないという一部請求を行うことが多いことから，自ずから印紙額もあまり多額にはならないことになる。

　一方，株主代表訴訟の場合，訴額にかかわらず印紙額が低額なため，多額の

訴額が決められ，20兆円を越える請求金額の株主代表訴訟もある。

もっとも，D&O保険では，保険金額の上限が数億円，多くて数十億であるから，このような訴額に対して保険金額は遠く及ばないであろう。

また，会社訴訟が提起された場合，会社訴訟不担保特約，つまり会社から訴えられた場合は保険金を支払わない特約があるので，注意が必要である。

3．弁護士費用とD&O保険

D&O保険において保険金が必要とされる重要な場面として，弁護士費用，特に役員側の着手金が挙げられる。一般に，日本の場合，弁護士費用は，訴額に応じて算定される着手金と成果に応じて算定される報酬金により構成されている。そうすると，被保険者である会社役員としては，株主代表訴訟が提起された時点で迅速に保険金の支払を受けたい（弁護士に着手金を支払わないと，訴訟に対応してもらえない）という希望がある。

しかし，保険会社としても，保険金支払の要件を満たしているかどうか，免責事由や保険契約の解除事由がないかどうか確認しなければならないので，難しいところである。

4．和解とD&O保険

株主代表訴訟においては，和解も重要な解決手段である。しかし，和解金額が簡単に支払うことが可能な金額とは限らず，D&O保険の保険金をあてにすることも考えられる。この場合，無過失の役員が和解金を支払うというのでは，D&O保険の要件を満たさなくなるので，和解条項の策定には神経を使うところである。

5．一部役員の免責事由とD&O保険

本件のように，一部の役員が故意に会社に損害を与え，それを保険会社に告知しないまま保険契約が更新された結果，他の役員に告知義務違反が生じるかという問題がある。この点，保険契約が保険契約者である会社を基準に告知義

務違反の有無を判定される限り，他の役員についても告知義務違反となると考えられる。

　ただし，そのような運用は，不祥事であれば，当事者である役員が隠匿する可能性が高く，社外役員や不祥事に関わっていない役員が責任を負うのは酷であるとの理由から，他の役員による違法行為等を知らない役員については告知義務違反を適用しない，というような分離条項が設けられるようになった。詳細はＱ６−１で解説する。

　なお，この事案のモデルとなった裁判では，D&O 保険による保険金は支払われなかったようである。

6．役員が負う損害の範囲や限度額と D&O 保険

(1)　会社の負った損害額と賠償の上限額

　役員の会社に対する損害賠償の場合，役員の任務懈怠行為と因果関係のある損害は，すべて賠償しなければならない（会社法423条１項）。たとえば，違法配当により算定される損害額や具体的に発生した損害額，また，最近は調査委員会に支払った調査費用が認められている。このうち，違法配当については，無過失を証明しなければ責任を免れることができない（会社法462条２項）ため，また，配当額は計算上機械的に算定されるため，多額の賠償額になることもある。

(2)　D&O 保険と責任限定

①　役員の責任限定

　会社法上，株主総会決議（同法425条），定款の定めに基づく取締役会決議（同法426条），定款の定めに基づく責任限定契約（同法427条）のいずれかにより，任務懈怠について故意がなく，また，過失があっても重過失がない場合は，報酬額に基づき損害賠償額の上限額が定められている。代表取締役は６年分，非業務執行取締役と監査役は２年分，その他の取締役は４年分である。

　ただし，違法行為が発覚した後に，株主総会や取締役会決議で損害賠償額を

限定することについては相当ハードルが高く，実現した実例を筆者は聞いたことがない。一方，責任限定契約については，裁判上認められた例があり，また，実務上も社外役員を招聘する場合には必須とされている。

② D&O保険

D&O保険の場合も，故意のある場合は免責となって保険金が支払われないことになる。厳密には，免責事由として主に，被保険者が私的な利益または便宜の供与を違法に得たこと，被保険者の犯罪行為，法令に違反することを被保険者が認識しながら[1]行った行為等が挙げられており，これらはいずれも故意がある場合と理解されている。逆に言えば，過失しかない場合は基本的には保険金が支払われるのである。

役員の立場からすると，D&O保険があれば，一定額の自己負担はあれど保険金額を超えない限り，会社の規定にかかわらず保険金により損害が塡補されるため，D&O保険を結ぶメリットがある。会社役員に重過失がある場合も，約款に抵触しなければ，また，保険会社により実質的な故意などの免責事由が認定されない限り，保険金が支払われる。そして，会社法上の損害賠償額に上限があったとしても，弁護士費用は自ら支払わなければならないことから，弁護士費用の塡補を受けられるD&O保険のメリットは十分にある。

〔中西和幸〕

---

[1] 認識していたと判断できる合理的な理由がある場合を含むとされている約款が多い。

Q1−2 会社補償とD&O保険

会社補償とD&O保険との関連性はどのようなものですか。いずれか一方だけでは十分ではないのでしょうか。

A 令和元年改正会社法の下で規定が新設された会社補償とD&O保険の両制度は，いずれも「役員が職務上負担する責任リスクの軽減」という共通の役割を持つものですが，両者の適用場面は全く同一ではなく，以下で解説するように，いずれか一方の制度しか機能しないような場面も想定されます。したがって，会社補償とD&O保険はいずれか一方だけで十分というものではありません。

解説

前提として，会社補償とは，役員が会社の業務遂行に起因して会社に損害を与え，その結果，弁護士費用その他の経済的負担を強いられることとなった場合に，会社が当該費用等に対する補償を（事前または事後に）行うことを認める制度である。令和元年改正会社法の下では，会社が役員との間でこのような補償に係る契約（補償契約）を締結するための手続が整備されたが（会社法430条の2），このような補償契約が締結されていない場合であっても，民法の委任契約の規律に基づく補償を行うことは可能であると解されている[2]（会社法330条；民法649条，650条）。

D&O保険と会社補償は，どちらも役員の業務遂行に起因して生じた損害を塡補する機能を有しているが，役員に対する十分な保護の提供という観点からは，いずれか一方だけで十分であるとは言い難い。

D&O保険については，約款上の免責事由や解除事由がある場合には保険金は支払われず，また常に損失の全額が補償されるとは限らない（一定の自己負

---

2 会社補償実務研究会『会社補償の実務〔第2版〕』（商事法務，2022年）47頁。

担額が設定される）。そのほかにも，保険会社が保険事故の発生を認めなければ保険金が支払われない可能性があるなど，D&O保険による保護にも限界がある。

　他方で，会社補償については，会社に補償を行うだけの金銭的余裕がない場合にはおよそ機能し得ないという問題がある。したがって，たとえば会社が経営破綻に陥った後に，債権者から役員に対する損害賠償請求（会社法429条1項）がなされたような場合には，会社補償だけでは十分な保護は提供されないことになる[3]。

　また，現行法の下では，役員の会社に対する損害賠償責任（会社法423条1項）との関係で判決額および和解額に対する補償を行うことは認められていないため（同法430条の2第1項2号），このような場合についても，やはり会社補償だけでは十分な保護は提供されないことになる。

　以上のように，会社補償とD&O保険は「役員が職務上負担する責任リスクの軽減」という共通の役割を果たすものではあるものの，いずれか一方のみで十分というものではなく，リスク管理の観点からは双方をセットで備えておくことが重要になると考えられる。

〔木村健登〕

---

[3] なお，会社法430条の2第2項3号より，「役員等がその職務を行うにつき悪意又は重大な過失があった」場合における判決額および和解額の補償は禁じられている。そして，会社法429条1項は，役員等がその職務を行うについて「悪意又は重大な過失があったとき」に負担することとなる損害賠償責任に関する規定であることから，条文の文言を素直に読む限りは，後述する423条1項の責任（対会社責任）との関係だけでなく，429条1項の責任（対第三者責任）との関係においても，悪意または重過失ある場合は判決額および和解額に対する補償は実施し得ないものと考えられる。

Q1-3　賠償責任保険としてのD&O保険

D&O保険はどのような事案に対して補償を提供するのでしょうか。

A 免責事由に該当しなければ，あらゆる賠償請求等に対して役員が補償されるオールリスク型の保険になります。そういう意味では，比較的補償範囲が広い保険といえるでしょう。また，公序良俗に反していないという点も保険金支払に影響を与える判断基準だと思われます。

解説

D&O保険は，会社の役員のための賠償責任保険なので，役員の業務に起因して損害賠償請求された場合に，役員の損害が補償される。D&O保険約款で一般的に想定される補償条項は，以下のとおりである。

（保険金を支払う場合）

当社は，被保険者が会社の役員としての業務につき行った行為（不作為を含みます。以下「行為」といいます。）に起因して，保険期間中に被保険者に対して損害賠償請求がなされたことにより，被保険者が被る損害（以下「損害」といいます。）に対して，この普通保険約款に従い，保険金を支払います。

そして，免責事由に該当しない事案は基本的に補償されるオールリスク型の保険と考えてよい。よって，どのような場合に補償されるのかを知りたい場合は，免責条項を確認することが大切である。

補償の対象としては，昔から株主代表訴訟によって役員が訴えられた場合が典型事例として挙げられていた。それ以外にも取引先や顧客などの第三者からの損害賠償請求もあり得るし，金融商品取引法違反等に起因する証券訴訟で役員の責任が問われ，損害賠償請求された場合も補償の対象になる（海外におけ

る証券訴訟の場合は，免責となる特約もあるので注意が必要)。証券訴訟で典型的なケースには，有価証券報告書等の開示書類に虚偽記載があり，それが原因で損害を被った投資家が会社や役員に対して損害賠償請求をする場合がある。株主代表訴訟の損害賠償金が原告である株主ではなく，会社に支払われることに比して，証券訴訟の場合の損害賠償金は原告である株主や投資家に支払われるので，株主代表訴訟よりも証券訴訟のほうが，原告としての訴訟提起に対するインセンティブは大きいといえる。

〔山越誠司〕

Q1−4　費用保険としてのD&O保険

日本型D&O保険もアメリカ型D&O保険のように補償が拡張されて，規制当局からの公的調査等に対応する費用も補償されることがあるといいますが，いかがでしょうか。

A　D&O保険は年々進化しており，各種費用の補償まで拡張されています。D&O保険は賠償責任保険であるものの，昨今は費用保険としての性質が注目されるようになっています。したがって，D&O保険購入の目的も，費用の補償を確保するためという考えが強調されるようになりました。

解説

　日本型D&O保険も特約によって補償が拡張されており，規制当局による公的な調査や検査，取調べなどに対応するために役員が負担した費用を補償していることがある。さらに，日本国外で刑事手続が開始され，これに対応するための費用の補償も存在しており，特にアメリカの独占禁止法や欧州の競争法，あるいはアメリカの海外腐敗防止行為法（FCPA）やイギリスの贈賄防止法（UKBA）など各国の汚職防止法にも対応した補償になっている。このことは，D&O保険が単なる賠償責任保険から費用保険の範疇にまで広がりをみせていることを示しているといってよいであろう。

　日本の場合，役員が絡んで不祥事が疑われた場合に，第三者委員会等が設置され，その費用が安価でないことから調査費用が補償の対象となっているが，現実には，調査費用が保険金額を上回る例も少なくないようである。

〔山越誠司〕

第 2 章

役員の義務と責任

Q2-1　役員の義務

役員はどのような義務を負っているのでしょうか。

A 役員に対しては，会社の適正な運営を確保するため，善管注意義務，法令・定款・株主総会決議の遵守義務，忠実義務等の義務が課されています。

解説

役員に対しては，会社の適正な運営を確保するため，会社法上，善管注意義務（会社法330条；民法644条），法令・定款・株主総会決議の遵守義務，忠実義務（会社法355条）等の義務が課されている。

善管注意義務は，取締役が会社と委任関係にあることから導かれる義務であり（会社法330条），自らに委任された事務を善良なる管理者としての注意をもって処理することが求められる（民法644条）。忠実義務は，会社法により取締役に対して定められた義務であり（会社法355条），会社に対し忠実に職務を行うことが求められる。具体的には，競業避止義務（会社法365条1項，356条

1項），利益相反取引の禁止（会社法365条1項，356条1項2号・3号）などが法令上規定されている。

　なお，善管注意義務と忠実義務の内容は重なり合うところが多く，基本的には，いずれも取締役に対し会社の利益を犠牲にして自己または第三者の利益を図ってはならない義務を課したものと考えておけばよいであろう。

〔藤本和也〕

14　第2章　役員の義務と責任

Q2−2　取締役の義務違反と会社に対する責任

取締役が自らに課された義務に違反した場合，会社に対してどのような責任を負うのでしょうか。

A　取締役が自らに課された義務に違反した場合，会社に対して損害賠償責任を負います。

なお，取締役が会社に対して負う責任は，株主が会社役員に対して行う訴訟（株主代表訴訟）によって追及される可能性があります（株主代表訴訟については第3章を参照してください）。

解説

　取締役が善管注意義務・忠実義務等の自らに課された義務に違反した場合，損害賠償義務を負うことになる。義務違反により会社に損害を与えた場合，取締役は会社に対して損害賠償責任を負うことになる（任務懈怠責任：会社法423条1項）。

　基本的には，取締役が故意または過失により義務に違反したことにより会社に損害を与えたことが立証された場合には，損害賠償義務を負うことになる（会社法423条1項）。そして，取締役が利益相反取引に関与した場合には，任務懈怠が推定され，監査等委員会設置会社の場合，監査等委員会の事前承認があれば，任務懈怠は推定されない（会社法423条4項）。また，取締役が自己のために会社と取引をした場合や株主の権利行使に関して利益供与を行った場合については，無過失責任を負うことになる。

　もっとも，経営を取り巻く市場の環境は常に流動的であり，取締役は会社に損害を及ぼすリスクを伴いつつ判断を行わなければならない立場にある。取締役が一定の判断を行った結果，会社に損害が生じた場合をすべて損害賠償の対象としたのでは，取締役の判断は萎縮したものとなり，かえって会社や株主等の利益に反することになってしまう。そこで，日本でも判例上，取締役の経営

判断については一定の裁量が認められている（経営判断原則：具体的法令違反がなく，判断の過程，内容に著しく不合理な点がない限り，善管注意義務に反しないとされている）。

〔藤本和也〕

Q2−3 取締役の義務違反と第三者に対する責任

取締役が自らに課された義務に違反した場合，第三者に対してどのような責任を負うのでしょうか。

A 取締役が自らに課された義務に重過失により違反した場合，第三者に対して会社法上の損害賠償責任を負います。また，民法上の不法行為責任も負います。

なお，取締役の第三者に対する責任（対第三者責任）は，取締役の行為により損害を被った第三者が取締役に対して損害回復のために行う損害賠償請求訴訟（第三者訴訟）により追及されることになります。

解説

1．義務違反による責任

義務違反により第三者に損害を与えた場合，一定の場合については，取締役は第三者に対して損害賠償責任を負うことになる（対第三者責任：民法709条，会社法429条）。

会社法が定める第三者責任としては，悪意または重過失での任務懈怠による責任（会社法429条1項）および虚偽の情報開示による責任（会社法429条2項）が挙げられる。

2．悪意または重過失での任務懈怠による責任

取締役は会社と委任関係にあり会社のために職務を行う立場にあることから，任務を怠った場合には会社に対して任務懈怠責任（＝債務不履行責任）を負うことになる。一方，取締役は第三者と委任関係になく，取締役の行為により第三者に損害が生じたとしても債務不履行責任を追及することはできないため，本来であれば不法行為責任（民法709条）を問う必要がある。

しかしながら，会社は経済社会において重要な地位を占めており，その活動は取締役等の職務執行に依存するものであること等から，会社法は，役員に対して（不法行為責任とは独立した）法定の特別責任を課して第三者の保護を図ったと考えられている。したがって，会社法429条1項の責任を負うためには，役員に「第三者に対する違法行為」ではなく「自らの任務懈怠」につき悪意・重過失があれば足りることになり，役員が第三者に不法行為責任を負わない場合であっても，損害賠償責任を負う可能性がある。

このように，役員の悪意または重過失による任務懈怠により第三者に損害を発生させたといえる場合（＝任務懈怠と第三者の損害発生に相当因果関係がある場合），役員は第三者に対して損害賠償責任を負うことになる。たとえば，取締役の放漫経営などにより会社に損害が発生し，会社が債務超過に陥り債権回収が不能となった場合，その会社と取引を行っていた第三者が取締役に対して損害賠償を求めるケースが考えられる（間接損害のケース：役員の任務懈怠→会社に損害発生→そのことにより第三者に損害発生）。また，倒産間近となった会社の代表取締役が，支払見込みのない取引を行い，第三者に対して債権回収不能による損害を発生させたケースが考えられる（直接損害のケース：役員の任務懈怠→そのことにより第三者に損害発生）。

なお，このような任務懈怠による第三者責任は，「名目的取締役」（形式的に取締役に就任しているが，実質的には取締役の職務を全く行っていない者），「登記簿上の取締役」（法的には取締役の地位にないが，登記簿上は取締役として記載されている者）に対しても追及されることがあるため，注意が必要である。

3．虚偽の情報開示による責任

所定の文書に虚偽記載（文書が紙の場合）または虚偽記録（文書が電磁的記録の場合）をしたことにより第三者に損害が生じた場合，役員は第三者に生じた損害を賠償する義務を負う（会社法429条2項）。役員がこれらの行為につき注意を怠らなかったことを証明したときは，損害賠償義務を免れる。

たとえば，取締役が計算書類（会社法435条2項）に実際よりも良好な財務状況にある旨の虚偽記載を行った（粉飾決算）ことにより，その記載を信頼してその会社に融資を行った第三者に対しては，債権の回収不能による損害を賠償する責任を負うことになる。

4．その他の責任

このほかに，民法上の不法行為責任（民法709条）も負うが，これは，会社法上の責任と要件や立証責任が異なることから，異なる制度と解されているため，同時に責任追及を受けることがある。

〔藤本和也〕

Q2-4　会社法の役員責任限定制度

会社法によれば，役員に責任がある場合の損害賠償額を減額する制度があり，報酬の何年分かが損害賠償額の上限とされています。この制度とは，どのようなものでしょうか。

A　会社法上，役員が損害賠償責任を負う場合，損害賠償額の上限額を定め，これを超える金額については，当該役員は損害賠償義務を負わない旨の規定があります。これは役員責任限定制度などと呼ばれています。

その上限額は役員報酬額を基準として定められ，代表取締役は6年分，社外取締役，監査役，非業務執行取締役は2年分，その他の取締役は4年分と定められています。

解説

1. 取締役のリスクテイクと損害賠償義務

会社法（423条，429条）において，取締役が善管注意義務違反により損害賠償義務を負う可能性はある。そのため，失敗をおそれてリスクテイクを過度に避けることも考えられる。

一方，健全なリスクテイクであれば，通常の経営者としての常識の範囲内で，独善的な対応を行わず社内手続を実施する限り，「経営判断の原則」を実行していることになり，そもそも過失にすらならず，損害賠償義務は負わないことになる。しかし，このような考え方は理想的であって，必ずしもビジネスが理想どおりに進まないことからすると，取締役にとっては，軽過失の場合にも全額の損害賠償義務を負うとなると，厳しいものである。

しかし，取締役の損害賠償義務は，基本的には会社との委任関係から生じるため，総株主の同意がなければ免除されないものであるが（会社法424条），それでは役員責任が重すぎるという意見も根強かった。

2．会社法上の損害賠償額の減免

　そこで，会社法上，一定の場合には損害賠償義務となる金額の上限額を定めることができることとし，株主総会特別決議（会社法425条），定款の定めと取締役会決議（会社法426条）または責任限定契約（会社法427条）により，取締役が損害賠償義務を負ったとしても，故意や重過失がない限り，報酬を基準として損害賠償額を一定額減額することができることとされた。

　その金額は役員報酬額を基準として定められ（退職慰労金や株式報酬，ストック・オプションが付与される場合は，その金額も考慮される），代表取締役は6年分，監査役や非業務執行取締役は2年分，その他の取締役は4年分である。

　なお，この制度は，第三者責任（会社法429条）には適用されない。

3．役員責任限定制度の守備範囲

　役員責任限定制度は，役員が責任を負う場合，委任関係にある会社が総株主の同意がなくとも事後的に損害賠償額を減額するか，あるいは事前に責任限定契約を締結することを認めるという，会社と役員の間の損害賠償に限って認めた制度である。そのため，役員が会社以外の第三者から責任追及を受けた（会社法429条）場合，その損害賠償金や和解金については，この役員責任限定制度は適用されないので注意が必要である。

　上場会社の場合，金融商品取引法上の責任（有価証券報告書の虚偽記載等）を株主や投資家から役員が責任追及をされた場合も同様である。

〔中西和幸〕

Q2-5　D&O保険の必要性

会社法によれば，役員責任限定制度があり，報酬の何年分かが損害賠償額の上限とされています。そうすると，D&O保険は不要となりますか。

A　会社法上の役員責任限定制度があっても，D&O保険は必要です。
　まず，会社や株主から役員責任を追及された場合，弁護士に依頼しなければ防御は困難ですが，会社法上，弁護士費用を支給してくれる制度はなく，D&O保険により弁護士費用を調達しなければなりません。
　次に，役員責任が問われる場合，損害賠償額の上限額が比較的高額なこともあることから，D&O保険の自己負担額よりも会社法上の損害賠償額のほうが高額になる可能性があります。
　また，D&O保険は第三者に対する損害賠償金も塡補することが一般的なのに対し，会社法上の賠償上限額の規定は会社役員の責任追及のみが対象であって，第三者訴訟その他の訴訟には適用されませんので，D&O保険の保険金による塡補は必要です。

解説

1．取締役のリスクテイクとD&O保険

　会社法（423条，429条）において，取締役が善管注意義務違反により損害賠償義務を負う可能性はある。そのため，失敗をおそれてリスクテイクを過度に避けることも考えられる。
　一方，健全なリスクテイクであれば，通常の経営者としての常識の範囲内で，独善的な対応を行わず社内手続を実施する限り，経営判断の原則を実行していることになり，そもそも過失にすらならず，損害賠償義務は負わないことになる。しかし，このような考え方は理想的であって，必ずしもビジネスが理想どおりに進まないことからすると，取締役にとっては，軽過失の場合にも損

害賠償義務を負うとなると，厳しいものである。

そこで，損害賠償義務が発生する場合であっても，D&O 保険の保険金による塡補があると考えれば，会社役員は，多少ゆきすぎてしまう（過失）リスクをとってビジネスを進めることができる。

このように，D&O 保険は，役員が安心してリスクテイクをしてビジネスの発展に寄与することができる重要な経営資源の1つである。むろん，故意については保険金では塡補されず，また，過失であっても，保険金は損害額の全額は支払われず一定の自己負担が生じることから，モラルリスクを防ぐ仕組みともなっている。

2．会社法上の損害賠償額の減免と D&O 保険の必要性

会社法上は，役員責任限定制度があり，損害賠償額の上限額が定められていることから取締役の責任が軽減されるため，D&O 保険は不要ではないか，とも考えられる。

(1) 弁護士費用その他訴訟に必要な費用

役員責任限定制度は，あくまで損害賠償額の上限額を定めるにすぎない。しかし，株主代表訴訟の被告となったり，会社から責任追及をされた場合，損害賠償額が判決または和解で確定するまで，弁護士に委任して少しでも責任と賠償金額が軽減されるよう争わなければならない。また，訴訟において，鑑定，意見書の取得などの方法を用いる場合，その費用は決して安価とはいえない。

このような株主代表訴訟や会社訴訟における弁護士費用その他の費用については，会社法上は，会社から支給されるわけではない。また，会社補償契約により弁護士費用や訴訟に必要な費用が支弁されればよいが，現実には期待できない。そのため，D&O 保険の保険金により，こうした必要な費用を賄わなければならず，D&O 保険は現行法上も有益である。

(2) 損害賠償金の負担

株主代表訴訟等の結果，判決または和解により，役員が損害賠償金または和解金として一定の金額を支払うこともある。そのとき，役員報酬額が高額であれば，役員責任限定制度が適用されても，損害賠償金等が相当高額となる可能性がある。一方，D&O保険の場合，保険金額の上限を超えない限り，損害賠償額の90%～95%は保険金で支払われ，残りが役員の自己負担となる。そのため，損害賠償額や和解金額がさほど高額でなければ，会社法上の自己負担額よりもD&O保険の自己負担額が少なくなる可能性がある。

(3) 対第三者訴訟

役員の損害賠償額が減額されるのは，会社に対する責任（会社法423条）に限られ，対第三者責任（会社法429条）には適用されない。しかし，D&O保険は，基本的には対第三者訴訟にも適用され，弁護士費用等の訴訟費用や損害賠償金や和解金について保険金が下りることになる。したがって，会社法上の役員責任の減免が不可能であってもD&O保険が機能するといえる。

〔中西和幸〕

第 3 章

株主代表訴訟の実際

Q3-1　株主代表訴訟の具体例

株主代表訴訟にはどのような具体例がありますか。

A　株主代表訴訟とは，株主が会社役員に対して，役員が会社に対して負うべき責任の追及を行う訴訟です（詳細はQ3-2以下参照）。損害保険各社から解説のような株主代表訴訟の具体例が紹介されています。

解説

1．東京海上日動火災保険（"「D&O マネジメントパッケージ」のご案内"を参照）

- 関連会社が，不動産投資の失敗により金融機関からの借入金を自力返済できなくなり，記名法人がその債務を肩代わりした。記名法人の取締役に善管注意義務違反があったとして，株主から損害賠償を請求された。
- 製品の販売を巡る価格カルテル問題で，公正取引委員会から課徴金納付命令を受け，会社が巨額の損失を被った。取締役および監査役らに，カルテルに関与

または黙認した過失，カルテル防止に関する内部統制システム構築義務違反，リニエンシー（自主申告による課徴金減免制度）を利用しなかったことによる過失などの善管注意義務違反があったとして，株主から損害賠償を請求された。
- 従業員が，会社のコンピュータ内の情報を利用してインサイダー取引を行い，その一部について刑事責任を問われた。取締役らに，インサイダー取引の防止に対する取締役の任務懈怠（善管注意義務違反）があり，この事件により会社の社会的信用が失墜したとして，株主から損害賠償を請求され，請求は棄却されたが多額の争訟費用がかかった。

2．三井住友海上保険（"【会社役員賠償責任保険】会社役員プロテクターのご案内"を参照）

- 取締役が，情報管理体制の構築という職務上の注意義務を怠ったために，情報流出が発生し，会社に損害を与えたとして，責任を追及された。
- 元取締役が，過去に不適切な会計処理を行っていた問題に関して，財務状況を顧みない独断的な経営で会社に多額の損害を与えたとして，責任を追及された。
- 取締役が，損失隠しをめぐる不祥事の隠ぺいを図り会社に損害を与えたとして，責任を追及された。

3．AIG損害保険（ウェブサイト「マネジメントリスクプロテクション保険」を参照）

- 事故例1：飲食店のフランチャイズを展開する会社が，無認可添加物を含んだ食品を販売していたことが報道され売上げが激減したため，フランチャイズ店に対する営業補償などの対応を行い100億円を超える多額の費用が発生した。その損失に対する株主代表訴訟において，信用回復措置などを講じなかった代表取締役および専務取締役にそれぞれ約5億円，事実を公表しないとする経営判断を行った取締役，監査役に約2億円の損害賠償が命じられた。
- 事故例2：化学製品製造会社が，汚泥から製造した土壌埋戻材をリサイクル製品として生産し販売したところ，六価クロムなど有害物質が検出されたため回

収に要する多額の費用が発生した。その損失に対する株主代表訴訟において，工場長であった取締役2名（前任と後任の工場長）に対して，調査・確認を怠ったことに善管注意義務違反があったとして，それぞれに100億円を超える損害賠償が命じられた。

● 事故例3：大手メーカーにおける利益供与に端を発した株主代表訴訟において，利益供与に対する有効な防止体制を構築できていなかったことについての責任を認め，取締役が約3億円の和解に応じた。

〔藤本和也〕

Q3-2　株主代表訴訟の内容

株主代表訴訟（株主による責任追及等の訴え）とはどのようなものでしょうか。

A　株主代表訴訟は、株主が会社の役員等の責任を追及し、会社に対して損害を賠償させるための訴訟です（会社法847条「株主による責任追及等の訴え」）。

解説

株主代表訴訟は、株主が会社の役員等（下記①参照）の責任（下記②参照）を追及するための訴訟である（会社法847条「株主による責任追及等の訴え」）。

公開会社（発行している株式の全部または一部につき譲渡制限を行っていない会社）では、原則として6カ月前から株式を保有している株主は、株式会社に対して「役員等の責任を追及する訴え」の提起を請求できる。しかし、訴え提起の請求日から60日以内に会社が訴えを提起しない場合、請求した株主は、株式会社のために責任追及の訴えを提起することができる（会社法847条3項）。これが、株主代表訴訟である。

① 「役員等」とは、「取締役、会計参与、監査役、執行役又は会計監査人」（会社法423条1項）をいう。
② 株主代表訴訟により追及する「責任」には、役員等が負う任務懈怠責任（会社法423条1項）等の会社法に明記された責任のみならず、取締役が株式会社との間の取引により負担した債務も含まれる（最判平成21年3月10日）。

訴訟の結果、株主代表訴訟の原告（＝株主）が勝訴（一部勝訴や和解により被告が賠償金支払を約束した場合も含まれる）した場合、訴えに必要となった

費用（訴訟費用を除く）や弁護士報酬については，相当と認められる額の支払を株式会社に請求できる（会社法852条1項）。一方，原告（＝株主）が敗訴した場合であっても，悪意があったときを除き，株式会社に対し株主代表訴訟によって生じた損害を賠償する義務を負わないとされており（会社法852条2項），株主が萎縮せず代表訴訟を提起できるよう配慮されている。

　以上のとおり，会社役員は株主から株主代表訴訟を提起されるリスクを負っている。

〔藤本和也〕

Q3-3　多重代表訴訟

親会社の株主が子会社の株主の役員に対して訴訟を提起することは可能でしょうか。

A　要件を満たした「最終完全親会社等」の株主は，子会社役員を被告として訴訟を提起することが可能です。

解説

「最終完全親会社等」の株主であれば，「特定責任に係る責任追及等の訴え（特定責任追及の訴え）」（会社法847条の3）により子会社のために代表訴訟を提起することが可能である（「多重代表訴訟」と呼ばれている）。

この制度は，役員が株主代表訴訟を提起され800億円を超える金額で一審に敗訴した後，株式移転により原告株主が当該会社の株主でなくなることにより株主代表訴訟が訴え却下になってしまうという不都合な状況への対応が必要とされたことに加え，上場している親会社が事業を全く行わない純粋持株会社となることを独占禁止法上認められたことに伴い，実際に事業を行っている子会社の役員こそが責任を負うべきという立法趣旨に基づくものである。

公開会社では，原則として6カ月前から株式を保有し続けている「最終完全親会社等」の総株主の議決権の100分の1以上の議決権を有する株主または「最終完全親会社等」の発行済株式の100分の1以上の数の株式（自己株式は除く）を有する株主は，株式会社に対し，特定責任追及の訴え（多重代表訴訟）の提起を請求することが可能である。

親子会社においては，親会社経営陣が親会社および子会社の利益となるか否かを判断し，必要に応じて子会社の役員等の責任追及を行うことになる。しかしながら，親会社が子会社の役員等の責任追及を行わず親会社の株主の利益保護が不十分となる場合もあり得る。そこで，要件を限定しつつ子会社の役員等に対する責任追及を可能としたのが特定責任追及の訴え（多重代表訴訟）であ

る。

　以上のとおり，完全子会社等の役員は，最終完全親会社等の株主から訴訟提起を受けるリスクを負っている。

　※「最終完全親会社等」とは？
　① 「完全親会社」とは，特定の株式会社の発行済株式の全部を有する株式会社その他これと同等のものとして法務省令で定める株式会社をいう（会社法847条の2第1項）。
　② 「完全親会社等」とは，①完全親会社，または，②株式会社の発行済株式の全部を他の株式会社およびその完全子会社等（株式会社がその株式または持分の全部を有する法人）または他の株式会社の完全子会社等が有する場合における当該他の株式会社（完全親会社を除く）をいう（会社法847条の3第2項）。なお，②における「他の株式会社」および「その完全子会社等」または「他の株式会社の完全子会社等が他の法人の株式又は持分の全部を有する場合における当該他の法人」は，当該他の株式会社の完全子会社等とみなされる（会社法847条の3第3項）。
　③ 「最終完全親会社等」とは，当該株式会社の完全親会社等であって，その完全親会社等がないものをいう（会社法847条の3第1項）。

〔藤本和也〕

Q3-4　株主代表訴訟の近時の動向

最近の株主代表訴訟では，役員が敗訴するケースが増えたようにみえます。最近の株主代表訴訟の動向を教えてください。

A　最近の株主代表訴訟において，株主は，勝訴または一定の金額の支払等勝訴の見込みがあるかどうかを十分検討して，株主代表訴訟を提起することが少なくありません。そのため，ひとたび株主代表訴訟を提起されると，被告役員は容易には勝訴できない可能性が高いです。

また，M&Aが活発化する中，株主である企業から派遣された役員が会社の代表者として不祥事当時の会社役員の責任を追及する「会社訴訟」も増えているようです。

解説

1．以前の株主代表訴訟

(1) 総会屋等の特殊な株主による役員責任追及

昭和から平成の初期の頃にかけては，総会屋等の特殊な株主が役員に揺さぶりをかけ，あわよくば一定の金品の支払を受けるために，株主代表訴訟を濫用する事例が少なくなかった。

このような訴訟の場合，証拠がほとんどなく事実関係が曖昧で，およそ訴訟に耐えられるような訴訟提起ではないことがほとんどであった。そのため，担保提供制度（会社法847の4第2項）により，原告株主に対して裁判所から多額の担保の供託を求められることが少なくなく，その場合は，担保が提供されず訴えは却下されてきた。

なお，この時期においては，違法な自己株式取得や飲食代金の付け回しなど，役員が敗訴する裁判も全くないわけではなかった。

(2) 会社不祥事発生時における責任追及

　会社不祥事，特に証券会社における損失補填が社会問題化した結果，株主代表訴訟の印紙代が，裁判上の利益が算定不能であるとして8,400円（現在は13,000円）となったことから，会社不祥事について株主代表訴訟が提起される例が増加した。この株主代表訴訟の場合，訴訟提起時は役員の任務懈怠についてはある程度抽象的でもよいとされたが，やはり任務懈怠の具体化やこれを裏付ける証拠の収集が容易でなかったことから，役員が敗訴する確率はさほど高くなかった。

2．近時の株主代表訴訟

(1) 勝訴を見込んだ株主代表訴訟の増加

　近時は，総会屋をはじめとする特殊な株主が減少した結果，株主代表訴訟を濫用する株主は，全く存在しないわけではないが，減少してきた。

　しかし，株主代表訴訟が役員の違法行為を抑止するための重要な法制度であることに注目が集まり，実際，役員は，「株主代表訴訟を提起されないように」というコンプライアンスが次第に浸透してくるようになった。

　その一方で，役員の違法行為が一掃されることはなかったため，役員の違法行為が発覚した場合，一定の株主が，自らの懐には損害賠償金が支払われないことを承知の上で，株主代表訴訟を提起するようになった。

　むろん，事実関係を把握し，また，相応の証拠を提出できる体制をとって訴訟を提起してくることから，担保提供命令が発令される可能性は低く，実際，被告役員側が担保提供命令の申立てをすることも聞かれなくなった。

(2) 独禁法違反事件における証拠の確保

　以前は，株主代表訴訟を提起しても，役員責任を裏付ける証拠の入手が困難なため，株主代表訴訟に勝訴することは容易ではなかった。しかし，民事訴訟法と判例により，株主代表訴訟において，取締役会議事録などの会社が保有する書類や，談合やカルテル等の独占禁止法違反事件において公正取引委員会が

収集した一定の証拠が文書提出命令の対象とされるようになったため，原告株主が役員責任を裏付ける証拠を入手しやすくなった。

そこで，公表され排除措置命令等がなされた独占禁止法違反事件を中心に株主代表訴訟が提起され，役員側は一定の金額を支払う和解を選択するようになった。

(3) 調査委員会による調査の先行

近年，粉飾決算等の会計不正事件を中心に，主に上場会社で不祥事が発生した場合，会社が利害関係のない第三者による調査を委託し，調査を行った者から会社が調査報告書を受領してその内容を公表するという実務が定着するようになった。

このような場合，株主としては，調査報告書を読めば，どの役員がどのような行為を行って，それが任務懈怠に該当するかどうかを判断することができ，その結果，株主代表訴訟を提起して役員の任務懈怠を主張することができるようになった。また，任務懈怠を裏付ける証拠も，取締役会議事録等を文書提出命令により集めることができるようになった。そのため，不祥事が発生した場合，株主代表訴訟において主張・立証が容易となってきている。

換言すれば，不祥事が発生して調査報告書が作成・公表された場合，株主代表訴訟が提起されると役員側の敗訴確率が従前よりも高くなっているというのが現状である。

3．会社訴訟の増加

(1) 役員の義務に関する認識の変化

従前は，役員同士が同僚を訴えることができないと考えられていたことから，株主が役員の代わりに訴訟を提起する株主代表訴訟制度が設けられていた。

しかし，近年は，そのような考え方と異なる状況も発生するようになった。たとえば，会社の不祥事が発覚した場合，責任がある役員は辞任することになり，役員総退陣となることもある。そうすると，交代後の役員である新経営陣

が株主代表訴訟を待つまでもなく，会社として訴訟を提起する場合もみられるようになった。

また，監査役や監査（等）委員の対応も変化し，不祥事が発生した以上，任務懈怠を行った役員の責任追及をしなければ自らが責任追及をされかねないことを自覚し，取締役に対して責任追及を行う例も見られるようになった。特に，独立性の強い社外役員が，業務執行取締役の責任をきちんと追及しなければガバナンスが改善しないと考えて，たとえ同時期に役員に就任していたとしても，株主・投資家の立場を考えて訴訟提起を行う例もみられるようになった。

(2) **不祥事発生後の M&A と会社訴訟**

不祥事が発生した場合，経営が悪化し，上場会社は株価が下がることから，金融機関からの融資が止まりキャッシュ・フローが悪化し，経営が立ちゆかなくなり他の企業に救済を求めることも少なくない。一方，救済企業からすれば，株価が低下しているため買収が容易となり，支配権を確保することが通常時よりも安価で可能となる。そこで，救済会社としては，不祥事を起こした会社を救済するが，そのときに吸収合併したり子会社化したりすることも少なくない。

もっとも，不祥事を起こした会社については，買収後そのまま経営するのではなく，コーポレート・ガバナンスやキャッシュ・フロー等様々な点の改善を実施する必要がある。そこで，救済後は，コーポレート・ガバナンスの改善や取引先からの信頼を回復するために旧役員を一掃し，新しい役員を送り込むことになるが，これに伴い，新経営陣が会社訴訟を提起し，旧役員の責任追及を行う例もみられるようになった。

4．まとめ

近時は，会社が役員に対して遠慮なく訴訟提起をするという場面も生じるようになり，また，役員が敗訴したり金銭を支払う旨の和解をする例が増加してきている。以前のように，株主代表訴訟を提起する株主は変わり者か不正な利益を目的としている者である，あるいは，会社が役員を訴えるはずがない，と

いった昔の認識とは相当異なってきているのが現状である。

　換言すれば，不祥事が発生した場合は，株主代表訴訟が提起される可能性があり，敗訴したり敗訴的和解を受け入れなければならない可能性が少なくないことから，会社に役員賠償責任保険（D&O保険）の加入を求めることが必要であろう。

〔中西和幸〕

Q3-5 株主代表訴訟の進行

株主代表訴訟は，どのように進行するのでしょうか。

A まず，株主が提訴請求を，監査役もしくは監査（等）委員会（代表取締役の場合もあります）に対して提出します。提訴請求を受けて監査役等が調査した結果，提訴すべきであれば会社訴訟を提起し，提訴すべきでない場合は，株主の請求等により不提訴理由通知書が提出されます。

不提訴に不服があれば，当該株主は株主代表訴訟を提起します。株主代表訴訟は役員個人に対して請求をするため，会社は当事者とはなりませんが，役員側や会社側に補助参加をすることがあります。

訴訟では，当事者双方や会社が主張・立証をしますが，その際，株主から役員や会社に対して証拠の提出が釈明を通じて求められたり，文書提出命令の申立てがなされることもあります。また，証人尋問が行われます。

そして，通常であれば会社も交えて裁判官から和解が勧告され得ることも少なくなく，当事者が合意をすれば和解がなされ，役員が会社に対して一定の和解金を支払うことがあります。

和解が成立しない場合は判決となり，役員が敗訴した場合は，会社に対して金銭を支払うことになります。

なお，和解金や判決における損害賠償金については，D&O保険により全額とはいわないまでも相当程度填補されることも少なくありません。

解説

1．会社の代表者

役員責任を追及する場合の会社の代表者については，取締役（監査（等）委員である取締役を除く）に対して責任追及をする場合は，会社法の定めにより，通常とは異なり，代表取締役ではなく監査役（会社法386条）または監査（等）

委員会が選定する監査(等)委員が会社を代表する(会社法399条の7，408条)。監査役や監査(等)委員である取締役の責任追及をする場合は，通常どおり代表取締役が会社を代表する。

なぜなら，同じ立場の役員であれば，類型的に「ひいき」により適切な対応ができないと考えられているからである。

以下に，典型例である，監査役会設置会社において業務執行取締役の責任追及を株主が行う場合を紹介する。

2．提訴請求と不提訴理由通知

株主が業務執行取締役の責任追及をしたいと考えた場合，まず，役員責任追及における会社の代表者である監査役に対して提訴請求を行う(会社法847条1項)。この提訴請求においては，新聞報道等で特定される程度は具体的な記載が必要となる。

提訴請求を受けた監査役は，業務監査権限を行使して役員責任の有無を調査しなければならず，役員責任があり訴訟提起が相当と判断した場合は，自らが代表者として役員責任追及訴訟を提起する。一方，役員責任がない，または役員責任を追及しないほうが好ましい特段の事情があれば，訴訟を提起しないことも可能である。

訴訟を提起しない場合は，株主等から請求があれば，不提訴理由通知を提出しなければならない(会社法847条4項)。この不提訴理由通知には，会社が行った調査の内容およびその資料，提訴請求を受けた役員の責任または義務の有無についての判断およびその理由，そして責任または理由があると判断した場合における責任追及の訴えを提起しない理由等が記載される（会社法施行規則218条）。

3．株主代表訴訟の提起

株主は，監査役の不提訴に納得できない場合は，提訴請求後60日間経過後に責任追及の訴え（株主代表訴訟：会社法847条3項）を提起することができる。

また，監査役が提訴した場合であっても，請求額に不満がある場合は，別途株主代表訴訟を提起するか，訴訟参加の上，訴額を増額することができる（会社法849条1項）。

　そして，株主は会社に対して訴訟告知をし（会社法849条4項），会社は訴訟告知を受けたらその旨を株主に通知または公告しなければならない（会社法849条5項）。

　一方，会社は，監査役全員の同意を得て取締役側に補助参加をすることができる（会社法849条2項・3項）。

4．主張・立証

　訴訟においては，株主と取締役の双方が主張・立証を尽くすことになる。

　このとき，株主が，手元に証拠を十分に保有していない場合があることから，裁判所が取締役や会社に対して求釈明により取締役会議事録その他の意思決定に関わる文書を出すよう求め，これに応じない場合は，文書提出命令（民事訴訟法221条以下）の申立てをすることがある。また，独占禁止法違反により会社に損害を与えたとされる事件等，公的な書類が作成されている場合は，公正取引委員会等の第三者に対して文書提出命令の申立てを行うこともある。

　また，会社の役員や従業員に対して証人尋問や本人尋問が行われる。

5．和解の勧試

　株主代表訴訟は，損害賠償請求という金銭の支払請求の形式をとることから，ほとんどの場合，裁判所による和解の勧試が行われる。株主代表訴訟の場合，支払が非現実的なほど高額となる場合も多いところ，取締役側としては，和解金の支払が現実的な金額になることや，早期解決により経営に専念したいという理由から和解に応じることも少なくない。

　そこで，株主側は，取締役が一定の金銭を支払うことで和解に応じる例もあるが，不祥事による会社の損失の賠償を求める株主代表訴訟の場合は，不祥事防止も株主側の関心が強いことなど，株主が会社に一定の対応を求める場合も

少なくない。この場合，会社が補助参加をしていれば和解の当事者となるが，補助参加していない場合は，会社は利害関係人として和解に参加することになる。

なお，和解に際しては，会社の参加の有無にかかわらず監査役全員の同意が必要（会社法849条の2）であり，また，会社が当事者でない場合は，会社による和解を行う旨の公告後2週間以内に株主から異議がない場合に役員等と原告株主が和解をすることが可能である（会社法850条）。

また，取締役が会社に対して和解金や解決金を支払う旨の和解が成立したときは，D&O保険契約により保険金支払事由に該当するとされれば，取締役負担分を除き，取締役の支払後に保険金により塡補されるか，会社に対して保険金が直接支払われる。

6．判決およびその後

株主代表訴訟が和解に至らない場合は，判決が言い渡される。取締役の敗訴が確定した場合は，取締役は株主ではなく会社に対して損害賠償金を支払わなければならない。

そのとき，D&O保険契約が有効であり保険会社が保険金支払事由に該当すると判断すれば，この損失に対して，取締役の自己負担分を除き，取締役が支払えば事後的に保険金により塡補されるか，保険会社から直接会社に対して保険金が支払われる。

また，株主代表訴訟で株主側が勝訴または一定の成果を得られた和解が成立した場合，裁判所の決定により訴訟に必要な費用や弁護士費用を会社が支払わなければならない（会社法852条）が，この費用も，D&O保険の契約内容次第では，保険金から塡補されることがある。

〔中西和幸〕

第4章

証券訴訟，汚職事件，カルテル事件

Q4-1　証券訴訟と株主代表訴訟の違い

証券訴訟とは，どういう訴訟でしょうか。また，株主代表訴訟とはどう違うのでしょうか。

A　証券訴訟とは，有価証券届出書や有価証券報告書などの虚偽記載により株価下落等の損害を被った株主が，会社や会社役員，また，媒介した証券会社に対して損害賠償請求をすることができる訴訟類型です。

株主代表訴訟と異なり，勝訴した場合に株主に賠償金が支払われること，過失や損害額の立証について株主側に有利なことが主な特徴です。

解説

1．総論

証券訴訟とは，金融商品取引法（以下，本Qでは「金商法」という）に定められた開示書類の虚偽記載（重要事項の不記載を含む）に基づく損害賠償責任を追及する訴訟を指す。

これは，重要な開示書類に虚偽記載があることにより損害を被った株主・投資家を救済するとともに，当該虚偽記載に関与した当事者に対する民事的な制裁の意味を持ち，公正かつ透明な金融商品市場の維持が目的である。

本来は，株主と発行会社やその役員，会計監査人とは法律関係がなく不法行為（民法709条）しか成立しないところに，金商法上の特別な責任として定められ，当該責任追及が容易となるよう要件が定められている。

2．当事者

(1) 原告

原告は当該開示書類の発行により損害を受けた株主であるが，損害を受けていれば，株式を売却しても訴訟を継続することができる。また，株式の保有期間も特に定められていない。

(2) 被告

基本的には，虚偽記載を行った発行会社とその提出時の役員および会計監査人が責任を負う。また，有価証券を発行した時は，売出人や引受証券会社も責任を負うことがある。

3．対象となる開示書類

株式や新株予約権，また社債などの発行や自己株式の処分といった発行市場においては，有価証券届出書（金商法18条，21条），目論見書等（金商法17条），発行登録書（金商法23条の12）の虚偽記載について責任を問われる。

また，株式等を発行する時ではなくとも，流通市場においては，主に有価証券報告書（金商法21条の2，24条の4），内部統制報告書（金商法24条の4の6），半期報告書（金商法24条の5），臨時報告書（金商法24条の5），自己株券買付状況報告書（金商法24条の6）の虚偽記載について責任が問われる。

4．立証責任の転換

(1) 損害

　損害については，発行会社については金額が法定されており，発行市場においては，有価証券の取得時に支払った金額から請求時における市場価額（請求時に当該有価証券を保有している場合）または処分価額（請求時までに当該有価証券を処分した場合）を控除した金額が法定されていて，金商法上はこれを超える請求はできない（金商法19条1項，23条の12第5項）が，不法行為（民法709条）を根拠としてこの価額を超える金額を請求することは可能である。流通市場においては，虚偽記載の事実が公表される前1年以内にその有価証券を取得し，かつ，公表日に引き続き保有する者は，公表前1カ月間のその有価証券の市場価額の平均額からその公表日後1カ月間のその有価証券の市場価額の平均額を控除した金額とすることができる（金商法21条の2第3項）。

　ただし，役員に対しては上記規定は適用されず，損害額が証明されなければならない（金商法21条）。

(2) 因果関係

　因果関係についても立証が困難なことから，因果関係の存在の推定（立証責任の転換）が認められている（金商法21条の2，22条，24条の4等）。

(3) 過失

　発行会社については，故意・過失が全くないとはいえないという理由から，無過失責任とされている。

　その他の当事者については，不法行為（民法709条）は原告が被告の過失を立証しなければならないが，金商法では立証責任が転換され，被告側が記載が虚偽であることまたは記載が欠けていることを知らず，かつ，相当の注意を用いたにもかかわらず知ることができなかったという無過失を証明しなければ，責任が認められる（金商法24条の4，21条2項，22条2項，21条の2第1項・

2項)。

5．株主代表訴訟との相違

　株主代表訴訟は，役員（多くは取締役）の違法行為（会社法上の善管注意義務違反・忠実義務違反を含む）によって損害が生じたとしても，責任を追及する職務を担う役員（通常は，監査役や監査（等）委員会）が，役員間の同僚意識から責任追及を行わないことが典型的に予想されることから認められた制度である。すなわち，役員の任務懈怠責任を追及する訴訟であるから，法律上特別な配慮はなく，役員の過失や損害額等は原告である株主が立証しなければならず，証券訴訟のような特別な法律はない。

　また株主代表訴訟は，役員（多くは監査役等）に代わって会社を代表して役員責任を追及する制度であるから，株主が勝訴したとしても，株主の懐には1円も入らず，勝訴して損害賠償金が支払われたとしても，その賠償金はすべて会社の雑所得となる。

　一方，証券訴訟の場合，株主である（または株主であった）原告にとっては，勝訴すれば自らの懐に賠償金が入るので，訴訟提起をするインセンティブが働く。また，株主・投資家として存在の大きい機関投資家としては，アセットオーナー（資金提供者：たとえば，企業年金や投資信託の購入者）との間では信認義務（フィデューシャリー・デューティー）を負っていることから，損害賠償請求を提起して勝訴または和解による損害の回復が可能と予測されるのであれば，これを行う義務があることになる。

〔中西和幸〕

Q4−2 証券訴訟と D&O 保険

役員賠償責任保険では，株主代表訴訟だけが保険の対象であり，証券訴訟は基本的には不担保なのでしょうか。

A 役員個人の D&O 保険については，証券訴訟か株主代表訴訟かは特段区別されていないパンフレットが多いので，契約前に保険会社に確認することが不可欠です。

証券訴訟が提起された場合，弁護士費用等の防御費用については，保険金が支払われることを期待したいところです。

一方，損害賠償金や和解金については，証券訴訟の場合，会社が破綻しない限り，会社が全額を支払うことが多いことから，役員が保険金で支払うことは少ないかもしれません。ただし，会社が支払った後に会社から求償される場合があり，このときは，会社訴訟担保特約が必要となります

一方，会社自身については特約が設けられており，D&O 保険そのものではないですが，別途特約に加入することで，各種の支出に対して保険の対象となる例が多いようです。

解説

1．証券訴訟における D&O 保険の必要性

証券訴訟については，金商法の特則により，直接関わっていないが無過失を立証できなかった役員が敗訴する可能性があるなど，決して容易な訴訟ではない。また，原告側の代理人が会社法や金商法に通暁し，証券訴訟に強い可能性が高く，敗訴の確率はより高いといえる。

そのため，敗訴または敗訴的和解が見込まれるため，D&O 保険により弁護士費用や敗訴した際の損害賠償金を塡補される（または直接支払われる）ことは，とても重要となる。ただし，損害賠償金については，証券訴訟の場合，会

社に資金力があれば，会社がすべて支払うので，役員が証券訴訟により個人的に責任を負うことはあまりないが，会社が破綻した場合は，役員個人が責任追及され，賠償金を支払わなければならないことになる。なお，保険の内容については，Q5－9，10，11を参照されたい。

2．会社訴訟の可能性

証券訴訟において，会社が損害賠償金を支払った場合，責任のある役員に対して会社が損害賠償責任を追及してくる可能性が高い。近時は，証券不祥事に際して会社が役員個人に対して責任追及を行うことが増えてきており，役員としては，会社訴訟担保特約に加入してもらうことが大切である。

会社訴訟となった場合，金商法上の過失推定等は適用されないので，会社が役員の善管注意義務と損害額への影響を主張・立証しなければならない。しかし，会社は各種資料を把握しており，また，近時は調査報告書が作成されて事実関係が相当程度明確になっていることから，有価証券報告書等の虚偽記載に関与した役員が勝訴することは容易でない。

当然のことながら，役員に故意があれば保険金は支払われない。

したがって，たとえD&O保険において証券訴訟が担保されていたり，会社訴訟担保特約に加入していたとしても，役員としてはD&O保険に依存しすぎてはならないことに留意する必要がある。

3．海外の証券訴訟

海外の証券訴訟の場合，日本と異なり損害額が大きくなる可能性がある。

日本の証券訴訟の場合は，虚偽記載のあった開示書類に基づいて購入した時点での株価と訂正開示による下落時の差額が原則とされているが，海外では懲罰的賠償等の理由から，日本における損害賠償額よりも桁違いに高額となる可能性がある。

そのため，D&O保険は海外における損害賠償をも担保する商品が多いが，証券訴訟に関しては海外については不担保としている保険もあるので，確認が

必要である。

4. 各種リスク対応保険

　証券訴訟の場合，粉飾決算（不適切会計）を伴う場合が多く，調査委員会費用，広告費用その他の支出が予想される。その損失を塡補するための保険が開発されており，証券訴訟やその前提となる粉飾決算に対応している保険商品もある。

〔中西和幸〕

Q4-3 海外子会社とD&O保険

当社は、インドネシアに子会社を持っています。その子会社が事業で入札に参加し、公務員に賄賂を渡して落札したところ、その事業に関して米国の企業も入札していたことから、米国FCPA違反が認定され、罰金として1,000万米ドルを支払いました。

この場合、当社の取締役が責任を負うのでしょうか。当社の子会社の取締役が責任を負うのでしょうか。そして、D&O保険による保険金の支払は受けられるのでしょうか。

A 子会社が違法行為を行った場合、まずは、子会社取締役が、子会社に対して責任を負うことがあります。一方、子会社の取締役と親会社の関係では、民法上の不法行為が成立しない限り、責任を負うことはありません。

親会社の取締役については、一定の場合、親会社に対して責任を負う可能性があります。この場合、子会社の違法行為に関して、親会社の損害と予見可能性と結果回避可能性が必要です。

D&O保険との関係では、子会社取締役については、D&O保険の契約上被保険者であれば、免責事由がない限り保険金が支払われるでしょう。親会社取締役についても同様です。

なお、違法行為自体は海外で行われていますが、日本の株式会社の取締役責任の問題としては、監視・監督義務違反や内部統制構築・運用義務違反が問題となり、これらの違反は通常は国内で行われていることから、D&O保険では国内の保険事故として取り扱われることになります。

解説

1. 親子会社と内部統制構築・運用義務違反

(1) 企業集団単位での内部統制

　子会社は，親会社とは異なり，法人格を備えていることから，子会社の法令違反が即座に親会社役員の責任となることはない。したがって，子会社役員が子会社に対して法令違反に基づき責任を負うが，子会社役員が子会社の違法行為について親会社株主から請求され直接責任を負うことは，多重代表訴訟（会社法847条の3）の場合を除き，原則としてはない。

　ただし，現代社会では親子関係を中心とする企業集団による経営が通常であることから，業務の適性については企業集団単位で求められており（会社法施行規則100条1項5号，110条の4第1項5号等），「内部統制」については，1つの法人格内部ではなく，企業集団全体をカバーする「内部統制」が求められている。

　したがって，親会社の取締役の責任が発生する場合は，企業集団単位での内部統制が適切に構築されていないか，または，構築されていても適切に運用されていない場合にも，内部統制構築・運用義務違反が生じる，ということになる。

(2) 監視・監督義務違反

　親会社は子会社の株主として，株主総会等により子会社役員の選任・解任権という人事権を持つことから，親会社役員には子会社役員に対する監視・監督義務が認められ，これに違反した場合も責任が生じることになる。

　一般的に，監視・監督義務については，会社内部では，取締役が従業員に対して監視・監督義務を有している。これを親子会社の間について考えると，親会社は株主総会の役員選解任権を通じた支配関係があるが，これは実質的には役員人事権であり，会社における人事関係と並行して考えられる。

　また，会社内部では従業員の稼働により使用者である会社が利益を受けるよ

うに，子会社の経済活動により親会社が利益を得ることから，報償責任の観点に基づき，親会社の取締役に監視・監督義務が生じるものと解される。

(3) 免責の可能性

上記の内部統制構築・運用義務違反や監視・監督義務違反に関して，D&O保険について，故意による免責の可能性があるかどうか，の問題がある。

現実には個別具体的な事案によるが，内部統制構築・運用義務違反については，取締役が内部統制を故意に無効化するような事実があれば免責となるが，そのような極端な事案でない限りは，免責にはならないであろう。

また，監視・監督義務違反についても，子会社取締役に指揮命令して違法行為を行わせたり，子会社取締役が法令違反を繰り返しているにもかかわらず解任しない場合など，極端な事実関係でない限り，故意が認定される可能性は低く，免責とはならないであろう。

2．取締役の兼任

(1) 親子会社の取締役兼任

親子会社の取締役を兼任している場合がある。たとえば，本件のように，海外子会社社長が親会社取締役を兼任する場合であったり，上場企業が純粋持株会社で事業を行っておらず，子会社が事業を行っている場合が考えられる。

この場合，子会社取締役である以上子会社に対して責任を負うのは当然であるが，株主代表訴訟（多重代表訴訟ではない）において，親会社の取締役として，子会社による違法行為に関する善管注意義務違反があるとして，株主代表訴訟に敗訴するリスクがあるか，という問題がある。

(2) 兼務取締役の責任

原則として，親会社取締役は子会社に対して株主総会における役員選解任権を通じて監視・監督する義務はあるが，その他の権限が特にない限り，子会社が違法行為を行ったとしても，基本的にはその結果を回避することができない

ことから，役員責任は認められにくいと考えられる。

　しかし，子会社取締役を兼任している場合，親会社取締役でありながら，子会社に関して十分な情報を得ることができ，また，子会社取締役として取締役会招集請求権等を通じて違法行為を防ぐための手段を有していることになる。

　そこで，こうした権限行使が可能な立場である以上，違法行為を行った子会社の役員を兼務している親会社取締役は，例外的に，子会社の違法行為に関して，親会社における株主代表訴訟等において責任を問われることがある。

〔中西和幸〕

Q4―4　会社に対する課徴金の損害と役員のリスク

独占禁止法違反により課徴金を課せられた会社の株主が，課徴金による損害について株主代表訴訟を提起し役員を訴えました。その場合，役員がその損害を負担しなければならないことはあるでしょうか。

A　実際に会社が損害を負担しなければならない事案が生じており，会社が負担した課徴金による損害を役員に転嫁してもよいと判示する裁判例があります。よって，現状では会社に対する課徴金の損害も役員が負うリスクと考えておくほうが無難だと思います。ただし，その理由に関して明確な考えを示しているものは多くはありませんので，今後議論が深まれば，異なる判決が出るかもしれません。

解説

最近の裁判例では，世紀東急工業株主代表訴訟事件[1]がある。会社がカルテルを行ったため，独占禁止法に違反したということで，公正取引委員会から約28.9億円の課徴金納付命令を受けた。そこで，会社の株主は，当該金額のうち約18億円について，役員であった被告らに対して，会社法423条1項に基づく損害賠償を求めた。そして，東京地裁は，原告株主の請求額を認容した。本判決は，独占禁止法の課徴金の転嫁についての初めての裁判例になる。

また，東京高裁も基本的に本判決を引用して，被告らの控訴を棄却している。その後，最高裁に上告されているが，2023年6月22日の世紀東急工業の「株主代表訴訟の和解に関するお知らせ」によると，原告と被告の間で1.2億円の和解が成立している[2]。

1　東京地判令和4年3月28日資料版商事法務459号131頁。
2　世紀東急工業株式会社「株主代表訴訟の和解に関するお知らせ」(2023年6月22日)
https://contents.xj-storage.jp/xcontents/AS03190/eb84c0f5/eccb/4344/8d9f/ee4fde3f55bc/20230 622204120787s.pdf

一方，刑法学者や商法学者からは，会社に対する課徴金による損害を役員に転嫁すべきではないという有力な説も主張されている[3]。その趣旨は，役員への過剰な制裁になることや，独占禁止法の課徴金制度の趣旨が阻害されることにある。

公正取引委員会によって開催された独占禁止法研究会によって，2017年4月25日に公表された「独占禁止法研究会報告書」[4]によると，課徴金は刑事罰としての罰金とは区別される行政上の金銭的な不利益処分であり，課徴金を会社に課す趣旨は，不当利得相当額を国が徴収し，違反行為者がそれを保持し得ないようにすることにより，社会的公正を確保することにある。また，違反行為の摘発に伴う不利益を増大させてその経済的誘因を小さくし，違反行為の予防効果を強化することを目的とするものである。そうであるとするなら，会社に対する課徴金による損害を役員に転嫁することは，課徴金制度の趣旨にも合わないことになりそうである。今後，経済法学者の見解も交えた議論の深化が待たれるところである。

いずれにしても，独占禁止法における課徴金の算定方法は，所定の方法により算定した売上高に算定率を乗じることで得られ，事業規模等によっては課徴金の額が非常に高額となる設計になっているので，この点，金融商品取引法の課徴金よりも高額になりやすいことが懸念される。大企業の場合，会社の規模や売上高が大きいために，莫大な損害賠償責任を役員が負うリスクがあることは念頭に置くべきであろう。

〔山越誠司〕

---

[3] 佐伯仁志「法人処罰に関する一考察」芝原邦爾ほか編『松尾浩也先生古稀祝賀論文集（上巻）』549～593頁（有斐閣，1999年），浜田道代「カルテル課徴金の役員への転嫁に関する一考察－世紀東急工業株主代表訴訟事件を契機として－」商事法務2319号4～19頁。
[4] 公正取引委員会・独占禁止法研究会「独占禁止法研究会報告書」（2017年）https://www.jftc.go.jp/houdou/pressrelease/h29/apr/170425_1_files/170425_1houkokusyo.pdf

Q4−5 独禁法違反の課徴金と D&O 保険

独占禁止法違反で課徴金を課せられ，会社が損害を被りました。その後，株主がその損害を回復するために，株主代表訴訟を提起し役員を訴えましたが，このようなケースで役員は D&O 保険の補償を確保できますか。

A わが国で，そのような保険金支払事例はあまりみられないようですが，株主代表訴訟による役員の損害として D&O 保険の支払対象になると思われます。

ただし，イギリスでは公序良俗の観点から罰金による損害を D&O 保険の保険金により回収できないとする裁判例もあるので，この議論がわが国でも起これば，結論も変わってくるかもしれません。

解説

D&O 保険約款の文理解釈上は，株主代表訴訟による役員への損害賠償請求として補償の対象ということになる。また，会社に対する課徴金の損害は巨額になるので，D&O 保険というリスク分配の仕組みにより，役員への過剰制裁を緩和することができるとも考えられている[5]。

しかし，イギリスのある事件では，役員個人の罰金ではなく，会社に対する罰金の損害についてなされた役員に対する損害賠償請求が D&O 保険の対象にならないと判断している。事案は，あるスーパーマーケットが価格操作への関与を認め，イギリスの公正取引庁から科せられた多額の罰金による損害を，価格操作に関与した11名の役員と従業員から回収することを求めたものである。実際には D&O 保険からの回収を試みたケースであるが，結果的に裁判所は，イギリス1998年競争法は企業に対して科せられた罰金を役職員に転嫁すること

---

[5] 杉村和俊「金融規制における課徴金制度の抑止効果と法的課題」金融研究34巻3号172〜173頁。

を禁じているので，罰金による損害を D&O 保険から回収できないと判示している[6]。

たしかに，わが国でも課徴金や罰金による損害に対して，保険金支払の対象にすることには消極的であるし，そのような補償もみられないにもかかわらず，株主代表訴訟を通じた役員に対する民事責任になったとたんに，D&O 保険の支払対象になるというのは矛盾がありそうである。独占禁止法の趣旨である違反に対する抑止効果も失われてしまう。このあたりの議論は，会社に対する課徴金による損害を役員に転嫁することができるのか，という論点と一緒に今後議論されるべきであろう。

〔山越誠司〕

---

[6] Safeway Stores Ltd v Twigger [2010] EWHC Civ 1472, [2010] All ER (D) 245 (Dec)；Safeway Store Ltd v Twigger [2010] EWHC 11(Comm), [2010]3 ALL ER 577.

第 5 章

D&O 保険の契約構造

Q5-1　D&O 保険で補償される損害の範囲

一般的に D&O 保険で補償される損害にはどのようなものがありますか。

 D&O 保険における「損害」とは，一般的に損害賠償金，和解金，防御費用をいいます。

解説

日本型 D&O 保険約款においては，法律上の損害賠償金と争訟費用が典型である。争訟費用とは，訴訟，調停，和解または仲裁等によって生じた費用になる。この点，アメリカ型 D&O 保険は規制当局の調査に対応する費用等も防御費用（defense cost）として補償しているのが通例なので，補償が広いといえる。ただし昨今，日本型 D&O 保険でも特約によって補償を拡張していることもあり，以前ほど日本型 D&O 保険とアメリカ型 D&O 保険で違いはなくなってきている。

〔山越誠司〕

Q5−2 サイドA，サイドB，サイドC

D&O保険の「サイドA」「サイドB」「サイドC」とは何ですか。

A D&O保険によって提供される補償には3種類あり，それぞれ「サイドA」「サイドB」「サイドC」と呼ばれることが一般的です。以下では，それぞれの具体的内容について解説します。

解説

D&O保険の特徴として，1つの保険商品の中に，役員個人に対する補償を提供する部分と会社に対する補償を提供する部分とが併存していることが挙げられる。このうち役員個人に対する補償を提供する部分はサイドA（Side A coverage）と呼ばれ，これにより，被保険者たる役員個人が株主や第三者から賠償請求を受けたことによる損害に対する補償が提供される。これに対して，サイドB（Side B coverage）は，会社が役員の損害を補償（会社補償）したことによる経済的損失を塡補するものであり，またサイドC（Side C coverage）は，会社が証券訴訟等の被告として賠償請求を受けたことによる損害を塡補するものであることから，これらは会社に対する補償を提供する部分として整理される[1]。

〔木村健登〕

---

1 山越誠司『先端的D&O保険の実効性と限界』（保険毎日新聞社，2023年）4〜5頁。

Q5−3　D&O 保険の配分問題

D&O 保険の「配分問題」とはどのようなものですか。

A　配分問題（allocation problem）とは，被保険者とそれ以外の者とが共同して訴訟の被告とされた場合や，補償対象に含まれる請求と含まれない請求の双方が訴状に含まれていた場合等において，当該訴訟に起因する損失を保険会社と保険契約者との間でどのように配分すべきか（保険金の支払対象となるのはどこまでか）という点に関する問題です。アメリカ・デラウエア州の判決において近時取り上げられた論点ではありますが，わが国においてもこの点が（アメリカ型／日本型 D&O 保険の別を問わず）将来的に争点化する可能性はあり得るものと考えられます。

解説

上述した配分問題の解決方法としては，Relative Exposure Rule と Larger Settlement Rule と呼ばれる 2 種類の対立する考え方が存在する[2]。Relative Exposure Rule は，個別事情を総合的に衡量し，事案ごとに最適な配分割合を確定させるべきとする考え方であり，Larger Settlement Rule は，当該訴訟において被保険者以外の者が被告とされた／補償対象外の請求が含まれたことによって判決額ないし和解額がより高額となったことが証明されない限り，保険会社は損失の全額を補償すべきとする考え方である。この問題に関して，アメリカ型 D&O 保険約款においては，「『当会社』，『被保険者』または……『会社』は，この保険契約で担保される『損害』および担保されない損害賠償金，和解金，防御費用もしくはその他の費用について，公正にして妥当な負担割合を決定するために最善の努力を尽くす」旨の規定が，日本型 D&O 保険約款においては，「保険契約者，被保険者および当会社は，被保険者およびその他の者そ

---

[2] 山越誠司「D&O 保険のサイド C の意義と課題」商事法務2328号10頁等。

れぞれが負担すべき金額の公正にして妥当な配分を決定するために協力するものとし，当会社は，その配分の決定に基づいて定まった金額に対して，保険金を支払」う旨の規定がそれぞれ設けられている。これらはいずれも，一見すると（公正にして妥当な配分割合の決定が前提とされている点において）Relative Exposure Rule の採用を前提とした規定であるかのように思われるが，アメリカ・デラウエア州の近時の判決[3]においては，このような約款規定にかかわらず，配分問題について Larger Settlement Rule の採用を前提とした判断が示されるに至った。わが国において，この問題が実際に争点化した事案は（少なくとも公刊裁判例のレベルでは）未だ存在しないものと考えられるが，被保険者が補償を受けられる範囲の画定に関わる重要な問題として，広くその存在が共有されるべきものといえる[4]。

〔木村健登〕

---

[3] Rsui Indem. Co. v. Murdock, 248 A.3d 887 (Del. 2021).
[4] なお，この問題に関する議論の詳細として，木村健登「D&O 保険の配分（allocation）をめぐる近時の議論」中央学院大学法学論叢37巻1号27頁以下。

Q5−4　保険料の負担

D&O 保険の保険料を会社が全額負担することは可能ですか。

A　改正会社法の下では，同法430条の3第1項に定められた手続を踏むことによって，D&O 保険の保険料を会社が全額負担することが可能になったものと考えられます。以下では，そのような保険料の全額負担が可能になった経緯と関連する論点について解説します。

解説

従前の実務運用として，D&O 保険のうち株主代表訴訟（会社法847条）に起因する損害を補償する部分については，利益相反取引規制（会社法356条1項2号・3号）との関係性等に配慮し，普通保険約款部分とは別に特約条項を設け，当該特約部分については役員が自ら保険料を負担するのが通例とされていた。その後，経済産業省の研究会がまとめた報告書において，一定の手続に従うことで D&O 保険の保険料を全額会社負担とすることが可能になるとの解釈指針[5]も示されたものの，このような解釈に委ねることは法的安定性の観点から望ましくないとして，改正会社法の下では，D&O 保険契約を締結する際に会社が遵守すべき手続が明確化されるに至った[6]。以上のような経緯に鑑みて，改正会社法の下では，同法430条の3第1項において定められた手続を踏むことによって，会社が D&O 保険の保険料を全額負担することが可能になったものと考えられる（なお，このような改正会社法の規定に基づいて会社がD&O 保険の保険料を負担した場合，当該負担部分は会社法上適法な負担とし

---

[5]　コーポレート・ガバナンス・システムの在り方に関する研究会「別紙3：法的論点に関する解釈指針」(2019年7月24日) https://www.meti.go.jp/policy/economy/keiei_innovation/keizaihousei/pdf/r160318_150724_corp_gov_sys_4.pdf
[6]　竹林俊憲編著『一問一答令和元年改正会社法』（商事法務，2020年）132頁。

て，役員個人に対する給与課税の対象にも含まれないとの指針が示されている[7]。

〔木村健登〕

---

[7] 経済産業省「令和元年改正会社法施行後における会社役員賠償責任保険の保険料の税務上の取扱いについて」（2020年9月30日）https://www.nta.go.jp/law/joho-zeikaishaku/shotoku/shinkoku/0020009-087.pdf

Q5-5　会社法上の手続(1)

D&O保険契約の締結にあたっては，会社法上どのような手続が要求されますか。

A　改正会社法の下では，D&O保険の契約内容の決定は株主総会（取締役会設置会社においては取締役会）の決議によることが求められています。

解説

上述のとおり，改正会社法の下では，D&O保険の契約内容の決定は株主総会（取締役会設置会社においては取締役会）の決議によることが求められている（会社法430条の3第1項)[8]。これは，会社が支払った保険料をもって役員個人の責任リスクを減少させるという機能に照らして，D&O保険には他の保険よりも高い利益相反性が認められるとの理解を前提に，D&O保険契約の締結につき利益相反取引の場合に準じた手続をとることを要求するものである。他方で，このような手続規制が遵守される限り，利益相反取引規制を重ねて適用する実益は乏しいといえる（かえって弊害も想定される）ことから，以上の手続を踏まえて締結されたD&O保険契約については，条文上，利益相反取引規制の対象外とすることが明示されている（会社法430条の3第2項）。

〔木村健登〕

---

[8]　なお，監査等委員会設置会社の取締役の過半数が社外取締役である場合においても，取締役会はこの決定を取締役に委任することはできず（会社法399条の13第5項13号)，同様に指名委員会等設置会社の場合についても，取締役会がこの決定を執行役に委任することは認められていない（会社法416条4項15号）。

Q5—6 会社法上の手続(2)

株主総会（取締役会）の決議は，契約の更新のたびに必要となりますか。契約期間中に被保険者（役員）の入替えや追加があった場合はどうですか。

A たとえ更新の前後で契約内容に変更がない場合であっても，契約更新のたびに株主総会（取締役会設置会社においては取締役会）の決議を得ることが必要になると考えられます。他方で，契約期間中に被保険者（役員）の追加や入替えがあった場合における決議の要否については，以下で解説するとおり，個々の契約内容により結論が異なってくるものと考えられます。

解説

　D&O保険の保険期間は通常1年であり，その都度契約の更新が行われることになる。そして，実務上はそのような契約更新のたびに告知事項の申告を行うことが要求されており[9]，したがってこれを契約の自動更新（自動継続）とみなすことは困難である。以上より，たとえ契約の更新前後で契約内容に変更がない場合であったとしても，理論上は契約更新のたびに株主総会（取締役会設置会社においては取締役会）の決議を得ることが必要になるものと考えられる[10]。

　これに対して，保険期間中に新たに役員の選任がなされた（あるいは他社を買収した）等の事情から，被保険者の入替えや追加が行われることも想定されるが，この場合に再度の決議が必要となるかについては，個々の契約内容により結論が異なってくるものと考えられる。すなわち，一方で被保険者の特定が個人名のレベルで行われていたような場合には，契約内容の変更として新たに株主総会（取締役会）の決議が必要になるものと考えられる。他方で，被保険

9　嶋寺基＝澤井俊之『D&O保険の実務』（商事法務，2017年）222頁。
10　塚本英巨「会社補償・D&O保険の実務対応」別冊商事法務454号249頁。

者についてたとえば「記名法人欄に記載された法人のすべての役員」といった包括的な定め方がされていた場合には，役員の追加や入替えがなされたとしても（それによって保険料その他の契約条件に変更が生じない限りは）ただちに契約内容の変更とはみなされず，したがって新たに株主総会（取締役会）の決議を得ることまでは求められないものと考えられる[11]。

〔木村健登〕

---

11 塚本・前掲注10) 247頁。

Q5−7 子会社役員の保険料個人負担

子会社も対象に含めて親会社でD&O保険契約を締結していますが，会社法430条の3第1項に基づく取締役会決議を経ています。そして，保険料は親会社が全額負担し，親会社の役員個人負担はありません。この場合，親会社とは別に，被保険者である子会社役員の保険料個人負担はどのように考えるべきでしょうか。

保険契約者は子会社ではなく親会社になりますので，子会社役員が保険料個人負担をする必要はありません。

解説

経済産業省が国税庁に確認する形をとって，改正会社法の規定に基づき保険料を負担した場合には，当該負担は会社法上適法な負担と考えられることから，役員個人に対する経済的利益の供与はなく，役員個人に対する給与課税を行う必要はないとの文書が出ている[12]。この趣旨からすると親会社役員の保険料個人負担は不要であることはわかるが，子会社役員の個人負担については判然としない。

実務では，親会社が全額負担し一括して保険料を支払う場合と，親会社が全額保険料を支払うが，その後，各子会社に対して資産規模等に応じて保険料を配賦して，子会社に保険料を一部負担させる場合もある。質問のケースでは，親会社が保険料を全額負担しているということであるが，親会社が子会社分も含めて全額負担するということに一定の合理性がある場合があるといわれている[13]。そして，親会社が保険契約を締結して保険料を全額負担している場合で

---

12 経済産業省・前掲注7)。
13 D&O保険実務研究会『D&O保険の先端Ⅰ』(商事法務，2017年)〔武井一浩発言〕68〜69頁。

あれば，子会社において会社法430条の3第1項に基づく取締役会決議は要しないと解されている[14]。

一方，子会社役員は保険料の個人負担をしなくてよいのかという課題については明確に論じられているものがみられない。ただ，改正会社法前の議論ではあるが，親会社が保険料を全額負担している場合は，子会社がその役員の株主代表訴訟敗訴の補償部分の保険料を負担するわけではないので，親会社のみ検討するだけでよく，別途子会社において検討する必要はないとされている[15]。この点，たとえ改正会社法後であっても実態に変化はないはずなので，子会社において役員個人負担について検討する必要はないと考えられる。

問題は，親会社が各子会社に保険料を配賦している場合はどうしたらよいのか，という点である。改正会社法前の議論はある[16]ものの今後の検討課題だと思われる。

いずれにしても，第三者のためにする損害保険契約（保険法8条）ということで，子会社の契約締結に関する同意もないし，受益の意思表示もしていない状況で，親会社が保険契約者となっている場合は，親会社が保険料を全額負担するという整理に合理性があると思われる。

もちろん，安全をみて子会社においても取締役会決議を採っておくという方法も十分考えられるし，取締役等の役員全員が保険加入について認識できるので，決議を採ることが好ましいともいえる。

〔山越誠司〕

---

[14] 塚本・前掲注10）40頁。
[15] 武井一浩＝松本絢子「新しいD&O保険への実務対応〔下〕」商事法務2101号37頁。
[16] 武井＝松本・前掲注15）38頁。

Q5-8　情報開示のルール

D&O保険契約を締結するにあたり，改正会社法上の情報開示義務を果たすためにはどのような情報を開示する必要がありますか。

A　事業年度の末日において公開会社である株式会社がD&O保険契約を締結している場合には，①当該保険契約の被保険者の範囲，および②当該保険契約の内容の概要（役員等による保険料の負担割合，填補の対象とされる保険事故の概要および当該保険契約によって役員等の職務の執行の適正性が損なわれないようにするための措置を講じているときはその措置の内容を含む）を，事業報告において開示する必要があります（会社法施行規則119条2号の2，121条の2）。

解説

D&O保険契約の締結にあたっては，取締役会設置会社においては取締役会の決議を得ることが要求されているが，実務上，このようなD&O保険については取締役の全員が被保険者とされることが通常であり，したがって利益相反性への対処という観点からは，取締役会の決議を要求するのみでは不十分であると考えられる[17]。このことから，改正会社法の下では，事業年度の末日において公開会社である株式会社がD&O保険契約を締結している場合には，①当該保険契約の被保険者の範囲，および②当該保険契約の内容の概要（役員等による保険料の負担割合，填補の対象とされる保険事故の概要および当該保険契約によって役員等の職務の執行の適正性が損なわれないようにするための措置を講じているときはその措置の内容を含む）を，事業報告において開示しなければならないこととされた（会社法施行規則119条2号の2，121条の2）（なお，株主総会参考書類における開示義務につき，会社法施行規則74条1項6号参

17　竹林編著・前掲注6）148頁。

照)。
　改正会社法の立案過程においては，以上の①②に加え，D&O保険契約の保険料や保険金額についても開示義務の対象に含めるべきかについて議論がなされたが，そのような情報を開示することで濫訴の提起や訴額（和解額）のつり上げ等が惹起されるおそれがあるとの指摘等を踏まえ，改正会社法の下ではこれらの情報については開示義務の対象には含まれないこととされた。

〔木村健登〕

Q5-9 会社有価証券賠償責任補償特約(1)

「会社有価証券賠償責任補償特約（以下，本Qでは「サイドC」といいます）」で補償が適用される事例は，どのようなものがあるのでしょうか。

A 有価証券報告書等の開示書類において，不実記載等に起因して投資家から損害賠償請求された場合に，会社の損害を補償するのが典型的なケースになります。

解説

　日本型D&O保険における典型的なサイドCは，日本国内の証券取引所へ上場している会社を対象に，開示書類の記載不備（不実記載や記載欠如）に起因して，有価証券保有者から損害賠償請求をされた場合に，会社が負担する損害賠償金や防御費用を補償する。アメリカ型D&O保険のサイドCも基本的に同じ補償であるが，海外の証券取引所における不実記載等による賠償請求も補償していることが多い。

　わが国の金融商品取引法（以下，本Qで「金商法」という）においては，発行市場においても流通市場においても会社の責任を規定している。

　金商法18条1項においては，発行者，すなわち会社は，有価証券届出書に重要な事項について虚偽記載があり，または記載すべき重要な事項もしくは誤解を生じさせないために必要な重要な事実の記載が欠けているときは，募集または売出しに応じて有価証券を取得した者に対して損害賠償責任を負うことが規定されている。発行者は，その取得の申込みの際に，記載が虚偽でありまたは欠けていることを知っていた取得者に対しては責任を負わないことになる。この責任は，無過失責任とされており，会社にとっては厳しい内容となる。

　また，金商法21条の2において，発行者である会社が，虚偽記載等のある有価証券報告書や四半期報告書などの開示書類が公衆の縦覧に供されている間に，流通市場での取引で有価証券を取得または処分した投資家に対して損害賠償責

任を負うと規定されている。発行者である会社の責任は過失責任であるが，会社は虚偽記載等について故意または過失がなかったことを証明したときは責任を負わないとされる（金商法21条の2第2項）。過失の立証責任が会社側に転換されている点で，これも会社にとって厳しい内容といえる。

　これがサイドCで補償を想定している発行市場と流通市場における不実記載の規定であるが，サイドCの保険金支払事例はアメリカで非常に多いといわれている。一方，日本では株主代表訴訟に備えるためにD&O保険があると考えられてきたので，この点，歴史的背景がかなり異なっているだろう。ただ，日本においても証券訴訟の事案も徐々に増えているので，これからサイドCの補償も注目されるかもしれない。

〔山越誠司〕

Q5-10 会社有価証券賠償責任補償特約(2)

サイドCにおいて,「開示書類の不実記載」以外で保険の対象になりそうな事例はありますか。

A 相場操縦やインサイダー取引,あるいは業績予測に関する発言などで損害を被った投資家から損害賠償請求される可能性もあり,その損害を補償することが想定されます。

解説

たとえば,アメリカでは,新聞のコラムや会社の発表,声明などを信頼して投資したとして,投資家から証券訴訟が提起された事例がある。特に,業績予測などの発言や記事などには慎重になる必要がある。そして,多くの証券訴訟において根拠とされる証券取引所法規則10b-5は,記者発表,ジャーナリストによるインタビュー,アナリストとの会合等により行われる適時情報の提供にも適用される[18]。さらに,同条が原告にとって使いやすいという理由で相場操縦規制などに関しても利用されている[19]。インサイダー取引についても同条で規制されてきた歴史があり[20],非常に適用範囲が広いものとなっている。

一方,わが国における類似条文が金融商品取引法157条といわれるが,あまり活用されていない。この点については,他に相場操縦やインサイダー取引に関する具体的な規定が存在しているので本条文の出番がないことや,規定が抽象的なので実際の事案において適用が難しいことが指摘されている[21]。ただ,多種多様である証券取引やデリバティブ取引等について詐欺的な行為をすべて

---

18 黒沼悦郎『アメリカ証券取引法〔第2版〕』(弘文堂,2004年)115頁。
19 山本雅道『アメリカ証券取引法入門〔改訂版〕』(第一法規,2019年)95頁。
20 萬澤陽子『アメリカのインサイダー取引と法』(弘文堂,2011年)4頁。
21 近藤光男「不公正な証券取引規制に関する一考察」岸田雅雄ほか編『現代企業と有価証券の法理』(有斐閣,1994年)172頁。

事前に詳細列挙し，それに該当するものだけを違法とするのは妥当ではないので，いわゆる詐欺的な行為の「雑品入れ」として，包括的な禁止規定が必要といわれる[22]。そのように考えると，アメリカのように不公正取引全般を規制する条文として機能することも考えられる。

具体的な事例として，コラムニストにある特定の会社に関する肯定的な記事を書かせて，購読者に当該会社の証券の購入を推奨し，価格を上昇させて儲けるなどが想定される[23]。アメリカやヨーロッパ等ではスカルピング行為などといわれて規制されるべき不公正取引になる。

そのほか，インサイダー取引に基づくインサイダーの損害賠償責任について金商法に規定されていないが，インサイダー取引によって損害を被った者は，一般不法行為（民法709条）によってインサイダーの責任追及ができるとされている。相場操縦も同じで，損害を被った者は，相場操縦者に対して一般不法行為に基づき損害賠償請求ができる。さらに，金商法160条においても損害賠償請求することが可能である。最近では投資情報を交換するインターネットの掲示板や動画配信サイトを使って風説を流布し，相場を変動させるようなこともある。行為者が相場を変動させる目的を持って特定銘柄の有価証券やその発行者に関する不確かな噂を書き込めば，風説の流布に当たる[24]。

以上のような不正取引は，開示書類以外のことでもあり得，複雑な取引や新しい取引も出現しているので，今後は会社有価証券賠償責任補償特約の対象となる事案は増えてくると思われる。

〔山越誠司〕

---

22 神崎克郎ほか『金融商品取引法』（青林書院，2012年）1193頁。
23 萬澤陽子「金融商品取引法157条利用の可能性について－米国証券取引所法10b-5との比較から－」証券経済研究71号46〜50頁。
24 黒沼悦郎『金融商品取引法〔第2版〕』（有斐閣，2020年）514頁。

Q5-11 会社有価証券賠償責任補償特約(3)

会社有価証券賠償責任補償特約の免責条項について注意すべきことはありますか。

A 犯罪行為免責があるので，不実記載等が刑事責任化した場合，補償対象外になることもあると思われます。免責に該当しそうな事案を事前に想定しておくとよいでしょう。

解説

保険約款については定義規定も含めて十分確認しておく必要がある。日本型D&O保険約款の場合，確定判決免責になっていない，また免責の分離条項がない等の事情から，いわゆるサイドCの補償が利用できる事案は少ない可能性がある。たとえば，不公正取引や不実記載が行われた場合，悪質なケースでは刑事事件になることもある。そして，犯罪行為を問われる事案では，保険会社に免責を主張されることになる。そうすると，不公正取引や不実記載に関する事案でサイドCを利用できるケースはあまり多くない可能性がある。

犯罪行為について保険が免責となるのは，アメリカ型D&O保険も同じであるが，アメリカ型D&O保険の場合，確定判決免責のおかげで，裁判において犯罪行為が確定しない限りは，保険金を受け取ることが可能となる。すなわち，確定判決によって犯罪行為が認定されない限り，保険会社は免責を主張できない保険約款になっており，アメリカ型D&O保険は防御費用を確保しやすい。

また，サイドCの免責の分離条項は，最高経営責任者（CEO），最高執行責任者（COO），最高財務責任者（CFO）の行為や認識は会社のものとみなすとされることが多い。よって，これらの役員による不正行為や不実記載の事案では，役員と一緒に会社も免責とされる可能性が高いといえる。それ以外の役員が実行した不公正取引や不実記載は会社の行為とはみなされないので，サイド

Cの補償が確保しやすい。

　D&O保険のサイドCの免責の分離条項については，分離できない当事者として，「CEO；COO；CFO＝会社」ということが想定されていると覚えておくとよい。

〔山越誠司〕

Q5-12 金融商品取引法に基づき課徴金が課された場合のサイドCの補償

金融商品取引法違反で行政処分として課徴金が課せられた場合は補償されないのでしょうか。

行政処分としての課徴金であれば刑事罰ではないので，課徴金の対象になった行為に起因する損害賠償請求は補償の対象になります。

解説

金融商品取引法上の行政上の措置としての課徴金であれば刑事罰ではないので，課徴金の対象となった行為自体に起因する損害賠償請求は補償の対象となる。ただ，課徴金による会社の損害が株主代表訴訟によって役員に転嫁された場合，D&O保険の補償の対象になるのかどうかは課題だといえる。今後の裁判例や議論に注視していく必要がある。

そして，証券訴訟も刑事事件化することがあるので，その場合は免責事由に該当する。虚偽記載や開示書類の不提出等の開示義務違反に対して刑事罰が定められており（金融商品取引法197条1項1号等），インサイダー取引を行った者に対しても，刑事の制裁がある（金融商品取引法197条の2第13号等）。さらに，相場操縦行為についても，極めて悪質な行為ということで，非常に重い刑事罰が規定されている（金融商品取引法197条1項5号等）。

〔山越誠司〕

Q5-13　雇用慣行リスク

雇用慣行リスクとはどのようなリスクですか。

 典型的な雇用慣行リスクとは，ハラスメントや不当解雇，不当な雇用差別などが想定されます。

解説

　いわゆる，労働訴訟において従業員が会社や上司，あるいは同僚に対して損害賠償請求するような事案が雇用慣行リスクとして想定できる。アメリカでは，不当解雇や雇用差別に関する訴訟が多いが，日本はハラスメントに関する事案が多い傾向にある。

〔山越誠司〕

Q5−14 雇用慣行危険補償特約

雇用慣行危険補償特約とはどのような特約ですか。

日本型D&O保険は雇用慣行リスクが免責となっているので、そのリスクを補償するための特約になります。

解説

伝統的な日本型D&O保険約款では雇用慣行リスクは免責とされることが一般的である。たとえば、以下のような免責条項が想定される。

（保険金を支払わない場合）

次のいずれかに該当するものに対する損害賠償請求
ア．身体の障害（傷害または疾病をいい、これらに起因する後遺障害または死亡を含みます。）または精神的苦痛
イ．財物の滅失、損傷、汚損、紛失または盗難（これらに起因する財物の使用不能損害を含みます。）
ウ．口頭または文書による誹謗、中傷または他人のプライバシーを侵害する行為による人格権侵害

ここに規定されている精神的苦痛に対する責任として、各種のハラスメント、不当解雇、不当な雇用差別などがあるとされ、保険会社として免責を主張できることになっている[25]。すなわち、伝統的な日本型D&O保険約款においては被保険者に対して雇用関連の賠償責任リスクの補償は提供されていないことになる。それをあえて補償するのが雇用慣行危険補償特約になる。

---

25 山下友信編『逐条D&O保険約款』（商事法務、2005年）122頁。

アメリカなどでは，雇用慣行賠償責任保険（Employment Practice Liability Insurance）として普及している単独の保険商品であるが，雇用慣行危険補償特約は，D&O保険に特約として付帯することで，会社と役職員に対する雇用慣行に関する損害賠償請求を補償するものである。

〔山越誠司〕

Q5-15 役員の相続人が訴えられた場合

役員の相続人が訴えられた場合，訴えられた相続人もD&O保険の対象となるのでしょうか。

 相続人も被保険者とみなすことになっており，D&O保険の補償は提供されます。

解説

日本型D&O保険約款の被保険者の定義に「役員が死亡した場合にはその者とその相続人または相続財産法人を，役員が破産した場合にその者とその破産管財人を同一の被保険者とみなす」旨記載があり，被保険者である役員が死亡または破産した場合，これら死亡または破産した役員の行為に起因して相続人，相続財産法人，破産管財人に対してなされた損害賠償請求につき，これら相続人等が被った損害に対しても保険金が支払われる。

すなわち，相続放棄か相続財産の範囲内で債務を弁済するという限定承認を選択しない限り，役員が死亡した後に相続人が訴えられた場合も，責任を負わなければならない。このような損害賠償責任に対してもD&O保険が対応している。また，同じことはアメリカ型D&O保険でもいえ，この点，日本型もアメリカ型も同じ構成になっている

〔山越誠司〕

第6章

D&O保険の免責条項

> **Q6-1** 不祥事に関与した取締役と関与しない取締役
>
> ある会社の不祥事で，取締役工場長が有害物質を無害になったと称して，有害な物質に変化することを知りながら土壌埋め戻し用の土として販売したところ，数年後に有害物質が流出し，その対策費用として多額の損失を会社が計上しました。
> この場合，関与した取締役工場長と，関与していない役員である社長，会長，その他業務執行取締役，社外取締役では，D&O保険の取扱いが変わるのでしょうか。

A まず，物質が有害に変化すると認識して土を販売した取締役工場長は，故意でもあることから，免責事由に該当するでしょう。また，D&O保険の契約時（更新時）に土壌汚染に関わっていることを隠匿した告知義務違反として契約解除・免責事由に該当し，D&O保険による保険金は支払われないでしょう。

一方，関与していない役員については，故意による違法行為という免責事由には該当しないものの，会社が保険契約の更新時の告知義務に違反したという

契約解除・免責事由に該当する可能性があります。

　もっとも，近時は，告知義務違反は被保険者ごとに判断する実務となっている契約が多いでしょうから，その場合は，知らない役員については保険金が支払われるのではないかと思います。

解説

1．故意の違法行為実行者

(1) 違法行為そのものによる免責

　D&O保険の契約においては，約款上，法令に違反することを被保険者が認識しながら行った行為に起因する損害賠償請求に関しては，保険金を支払わないと定められることが通常である。これは，故意の場合は，モラルリスクの観点から保険金を支払うことができず，また，保険料の算定も無理であることも理由となる。

(2) 違法行為に関する告知義務違反による免責

　D&O保険の場合，保険会社が引き受けるか否かを決定するために，また，保険契約を引き受ける場合の保険料の算定や保険金額の決定に際して，損害賠償のリスクに関して会社から告知を受けることとし，この告知義務に違反していれば，免責であったり，保険契約を解除できる約款となっている。

　したがって，過去に違法行為を行った役員がいるにもかかわらず，その事実および内容を保険会社に告知していない場合は，告知義務違反による解除・免責が考えられる。

(3) 社会通念上合理的

　故意ある役員について，また，過去に違法行為を行ったが発覚していない役員について，D&O保険による保険金によって弁護士費用や損害賠償金を填補することは，社会通念上妥当という評価は得られないであろうし，支払った場

合，保険会社も指弾される可能性は否定できない。

したがって，上記のような解除・免責事由や告知義務については，社会通念上妥当であるとして，どの保険約款にも設けられている。

2．役員ごとの分離

(1) 役員ごとの違法行為に関する関与

会社内で違法行為が行われたとしても，どの役員も全員同じように関わることはなく，主導的に関わっていた，従属的に関わっていた，知っていて黙認していた，知らなかったが怪しいと思っていた，全く知らず推測もできなかった，というような差異が生じるであろう。

そのとき，D&O保険による填補の有無が一律でよいとは思われない。そのため，少なくとも，故意に関わっていた場合や，違法行為を知りながら故意に止めることをしなかった役員に保険金を支払うことは妥当ではないとしても，これを知らず，軽過失により違法行為を止められなかった役員にまで保険金が支払われないというのは不公平と考えられる。

この点，D&O保険の約款が定める故意ある場合の免責は，合理的といえる。

(2) 告知義務の履行と違反の現状

D&O保険の加入時や更新時に，保険会社から違法行為の有無等について質問が行われる。これに正確に告知しないと，告知義務違反として保険契約解除や保険金支払の免責事由となる。

ところが，この告知に関して，被保険者ごとに保険会社が照会して回答を受領するのではなく，会社の窓口となる総務部門や秘書部門が保険会社の照会に対して回答することが通常であり，役員ごとの照会が行われるとは聞かない。

すると，法務・総務部門や秘書部門が回答する限り，たとえ会社の役職員が損害賠償義務が発生するような故意・過失がある事実の有無について，なければ当然，仮にあったとしても「事実がある」という回答を行うことはない。なぜなら，その回答を作成した時点で違法行為が表面化することになり，また，

D&O保険の契約が更新されないなど，違法行為を行った役員や違法行為が行われたことを知っている役員にとっては，正直に告知することは不利益だからである。

　しかし，違法行為に関わっておらずその存在も知らない役員としては，自らの責任は，無過失または軽過失の可能性が高い。その場合は，D&O保険の保険金により弁護士費用を支払ってもらったり損害賠償金や和解金を支払ってもらうことが可能である。しかし，法務・総務部門や秘書部門の回答が告知義務に違反する場合，役員が無過失でも有過失でも，保険契約が解除や免責事由に該当して保険金が支払われないことになってしまう。それでは，違法行為を知りもしない役員にとって過酷な結果となってしまう。実際に，ある上場企業の粉飾決算の事例では，このような結果が生じたのではと疑われている。

(3)　D&O保険における対応

　前述のような不都合を回避すべく，現在は，「分離条項」という，告知義務を役員ごとに分離して違反の有無を判定する約款上の特約条項が考案され，実際 D&O 保険に盛り込まれるようになっている。この場合，無過失・有過失の役員の場合は，告知義務違反がなく保険金が支払われるであろう。なお，最近では，基本的な約款に分離条項が盛り込まれることも増えているようである。

〔中西和幸〕

Q6-2　従業員の違法行為と役員のD&O保険

　ある自動車製造会社の従業員が，製品の品質検査で検査の値を偽るという不正を行っていたことが発覚しました。その原因は，電気を使わずガソリンエンジンだけで他社で電気を使って実現した燃費を超えるように，という業務命令を担当取締役が発したことによるものであると，調査の結果判明しました。そして，当該取締役の業務命令は，現在の技術水準では不可能であるものの，それを部下である従業員が拒否できなかったことも不正の原因であると指摘されました。

　会長，社長，担当取締役，他の業務執行取締役，社外取締役，監査役はそれぞれ株主代表訴訟で敗訴するでしょうか。また，敗訴または和解の際に，D&O保険によって保険金が支払われる可能性はあるのでしょうか。

A　D&O保険の場合，モラルリスクの観点から，故意ある被保険者については，保険金の支払が免責されています。本件では，取締役が故意に検査不正を従業員に行わせていたわけではありません。

　しかし，この品質に関する不正の場合，担当取締役のいき過ぎた業務命令があったことや，この業務命令に対して部下が検査不正を行うことが予見できたかどうかが過失の有無を基礎づけ，従業員に対する監視・監督義務違反があることになります。

　そして，部下の不正を認識していたにもかかわらず担当取締役が業務命令を発していた場合は，一種の故意による監視・監督義務違反が認定されて保険金が支給されない可能性があります。ただ，予見できたが非常に容易とはいえない場合は，過失による監視・監督義務違反とのことで，保険金が支払われることになります。

　他の取締役も，担当取締役がいき過ぎた業務命令を発したことを知りながら止めなかったかどうか，ということがD&O保険の保険金支払に影響すると考えられます。

> 解説

1．従業員による不正と役員の責任

(1) 取締役の監視・監督義務

　本問のような品質不正や検査不正という不正の類型の場合，取締役が直接不正に関わる例はあまり多くないであろう。なぜなら，品質不正や検査不正の場合は，製造現場や検査の現場で行われることがほとんどであることから，こうした現場に取締役が臨場したり直接関わることはまれだからである。

　ただし，担当取締役が直接品質不正や検査不正に関わることが少ないとはいえ，全く過失がないかというと，そうとは限らないのが実情である。

　すなわち，担当取締役には，従業員の稼働により会社に利益が発生するという報償責任があることから，従業員を監視・監督して不正を行わせないよう，また不正が発生しそうなときはこれを防止するという，従業員に対する監視・監督義務がある。そのため，これに反すると，善管注意義務違反として会社に賠償責任を負い，株主代表訴訟を提起される可能性がある。

(2) 従業員に対する強いプレッシャー

　従業員が上司から強いプレッシャー（業務目標やノルマなどがある）を伴う業務命令を受け，その業務命令を実現できないときに不正に走ることはよくあることで，そのような不正な事例は，著名事件も含め多数ある。

　たとえば，実現不可能な業務目標が設定され，その実現が不可能であるにもかかわらず，不可能であることを上司に説明できず売上不正に走る，ということが考えられる。

　すると，業務命令を発した担当取締役の責任の有無は，従業員が不正に走ることを予見できていたかどうか，また，それを止めることができたか，ということに関わってくる。

(3) 従業員の不正を予見できたか否か

では，担当取締役としては，どのような場合に予見可能であったといえるかということが問題となる。

この点，従業員が不正に走る場合が予見できるかどうかは，たとえば，不正に走る動機があるかどうか，ということが要素となる。具体的には，従業員は実現可能な業務目標であれば実現に向けて努力をすることが通常であるが，実現不可能な業務目標があった場合，不正を行う動機があるといえる。達成不可能な業務目標であった場合，上司に達成不可能である旨を申し入れるといった適正な対応が期待されるが，そのような申入れを行うと，出世が遅れたり給与や賞与が減るなどの人事・給与の面で不利になることが多く，従業員としてはとりたくない対応である。そこで，品質不正や検査不正を行うことにより，記録上は業務目標を達成することができ，その結果，出世が近づいたり給与や賞与が増加することにつながることになる。

以上のとおり，過度な業務目標を設定すると従業員の不正の確率が高くなることは，通常の知識や能力を持っている取締役としては予見可能であろう。また，不正が行われているかどうかを確認し，不正を防止する努力を行うことは，取締役としては可能であろう。したがって，取締役が部下に対して設定した業務目標が過度であることを知り，または知ることが可能であった場合は，従業員が不正に走らないよう監視・監督しなければならず，そして，従業員の不正を止められなかった場合は，監視・監督義務違反として過失が認定されると解釈してよいであろう。

2．担当ではない取締役の責任

(1) 一定の情報に接した場合

① 他部門を管掌する業務執行取締役

ある事業で不正が発生した場合，担当ではない業務執行取締役がまったく責任を負わないかというと，そのようなことはない。たしかに，自ら知識も経験もない事業に関して，過度の目標が設定されているかどうかは容易にはわから

ないであろうし，ましてや，不正を発見することは現実的ではないであろう。しかし，担当外の業務であっても，過度な業務目標ではないかとの疑念を持った場合は，担当取締役に十分な質問などをして疑念が解消されるよう努力しなければ，善管注意義務を果たしたことにはならない。したがって，疑念が生じた場合には，納得いくまで担当取締役に質問をして，場合によっては，取締役会の開催を請求して取締役会において業務目標を変更させるなどの対応をすることが必要となる。

このとき，自らは担当していないことから，担当取締役に遠慮をすることが多いであろうが，不正を止める機会があったにもかかわらず，遠慮をすることでその機会を逸し，その結果，不正が発生した場合には，担当ではない取締役も責任を負う可能性があることに留意する必要がある。

なお，担当ではない取締役について問題となる場合であっても，事案によるとはいえ，疑念を持つ機会すらなかった場合や，たとえ疑念を持ったとしても，担当取締役の部下の不正を止められる可能性がない場合などには，結果回避義務がないとして過失が認められる可能性が高くないこともあり，無過失とされる場合もあるが，過失があったとしても故意ではないことから，D&O保険による保険金が下りない可能性は低いであろう。

② 社外取締役

社外取締役の場合，業務執行取締役の監督が主たる職務であることから，会社の事業に関する専門性もなく，また，品質不正などを発見する手段も持っていないことが通常である。

したがって，こうした品質不正問題では責任が認められる可能性は低く，認められた場合であっても故意が認定される可能性は低く，仮に過失が認められたとしても，D&O保険により保険金が支払われることになるであろう。

③ 監査役・監査（等）委員の場合

監査役や監査等委員の場合，監査を行うことにより，不正が行われたときに

これを確認することが可能であり、また、それが職務でもある。したがって、合理的な監査を行っていなかった場合は、任務懈怠による善管注意義務違反が認定される可能性がある。そして、品質不正に関する監査を行っていなかった場合は、行わなかった理由によっては故意が認定される可能性がある。

一方、合理的な監査を行っていた場合であっても、品質不正や検査不正は隠匿されることが通常のため、発見が容易ではないと考えられる。したがって、合理的な監査を行っている限り、過失が認定されて責任が発生することはあまり想定できないであろう。

(2) **内部統制構築・運用義務**

担当でない業務執行取締役や社外取締役が、事実関係を十分知らない場合であっても、内部統制システムが適切に構築されていない場合や、一応構築されていても現在の業務から考えて不適切な場合は、構築義務や修正義務が生じることになる。また、内部統制システムが構築されている場合であっても、システムどおりの運用がなされていないことを知って何も対応しなければ、運用義務違反となる。

すなわち、一般的水準からして不適切な内部統制システムを放置していた場合、違法行為の具体的な内容にかかわらず内部統制システム構築義務違反となる可能性がある。また、通常業務の執行の中で適切に運用されていないことを知っていた場合は、具体的な法令違反行為が行われていることを知らなかったとしても、内部統制システム修正義務違反に問われる可能性がある。そして、日常的に内部統制システムどおりの運用が行われていないことを知っていて何もしなければ、内部統制システム運用義務違反に問われる可能性がある。

監査役の場合は、監査の結果内部統制の構築や運用に関して不備を発見した場合には、取締役会において指摘をしたり、取締役会の開催を請求したりするなど、改善に向けた法的な努力をしなければならない。

実例では、従業員による違法行為ではなく代表取締役による行為であるが、内部統制システムが一応は構築されていた会社において、代表取締役が構築さ

れた内部統制システムに反して違法行為を繰り返していた事案において，社外監査役が辞任をほのめかすなど当該取締役に対して警告を繰り返していたものの，社内手続の変更や代表取締役の解職を求める取締役会の開催を請求しなかったことから，役員責任が認められた裁判例がある。

〔中西和幸〕

Q6−3　免責の個別適用(1)

日本型 D&O 保険約款では,「保険金を支払わない場合」として以下のような文言がみられますが,免責条項の適用に関して,個々の役員ごとに適用が判断されるのでしょうか。

（保険金を支払わない場合）

当社は,被保険者に対してなされた次のいずれかに該当する損害賠償請求に起因する損害に対しては,保険金を支払いません。なお,次のいずれかの中で記載されている事由または行為が,実際に生じたまたは行われたと認められる場合に本条の規定が適用されるものとし,その適用の判断は,被保険者ごとに個別に行われるものとします。

① 被保険者が私的な利益または便宜の供与を違法に得たことに起因する損害賠償請求
② 被保険者の犯罪行為に起因する損害賠償請求
③ 法令に違反することを被保険者が認識しながら行った行為に起因する損害賠償請求

（以下省略）

A　免責の適用については役員ごとに判断され,1人の役員が免責事由に該当するとしても,他の役員に免責事由に該当する行為がなければ,免責は適用されません。

解説

日本型 D&O 保険約款におけるこの免責事由は,個々の役員の行為（不作為を含む）を対象としている。すなわち,役員ごとに個別の行為を検証し,免責の適用を判断することになる。たとえば,1人の役員の犯罪行為に起因して損

害賠償請求された場合は，当該役員は免責に該当する可能性は高いが，その他の役員は補償を確保できることになる。その他の役員にとって想定される損害賠償請求は，相互監視義務違反があるが，そのようなケースではD&O保険の補償が期待される。

　また，アメリカ型D&O保険でも免責の分離（severability of the exclusions）条項が規定されていることが多いので，免責適用に関する判断は個別に検討される。その点，日本型D&O保険でもアメリカ型D&O保険でも，被保険者の免責の適用に関する効果に大きな違いはないと考えられる。

〔山越誠司〕

Q6-4 免責の個別適用(2)

日本型D&O保険約款には,「保険金を支払わない場合」として以下のような文言がみられますが,役員全体としての免責の適用の可否が判断されるのでしょうか。

（保険金を支払わない場合）

当社は,被保険者に対してなされた次のいずれかに該当する損害賠償請求に起因する損害に対しては,保険金を支払いません。なお,次の①から⑦までの中で記載されている事由または行為については,実際に生じたまたは行われたと認められる場合に限らず,それらの事由または行為があったとの申し立てに基づいて被保険者に対して損害賠償請求がなされた場合にも,本条の規定は適用されます。本条の規定は,その事由または行為があったと申し立てられた被保険者に限らず,すべての被保険者に対して適用されます。

① 初年度契約の始期日より前に行われた行為に起因する一連の損害賠償請求
② 初年度契約の始期日より前に会社に対して提起されていた訴訟およびこれらの訴訟の中で申し立てられた事実と同一または関連する事実に起因する損害賠償請求
③ この保険契約の始期日において,被保険者に対する損害賠償請求がなされるおそれがある状況を被保険者が知っていた場合に,その状況の原因となる行為に起因する一連の損害賠償請求
④ この保険契約の始期日より前に被保険者に対してなされていた損害賠償請求の中で申し立てられていた行為に起因する一連の損害賠償請求

（以下省略）

A 本免責条項については、すべての役員に対して一律に適用されるので、注意が必要です。

解説

　日本型D&O保険約款におけるこの免責事由は、免責の適用について被保険者ごとに個別判断されるのではなく、個々の損害賠償請求ごとに一律その適用の有無が判断される。よって、仮に1人の役員が保険始期前に損害賠償請求がなされるおそれを知っていたにもかかわらず、保険会社に通知もせず告知もしていなかった場合、当該状況の原因となる行為に起因する一連の損害賠償請求が他の役員にもなされた場合、すべての役員は免責事由に該当して補償を得られない可能性がある。

　一方、アメリカ型D&O保険約款では、前述のとおり免責の分離条項が存在し、すべての免責事由に分離が適用されるので、1人の役員の行為に他の役員が影響されることなく、個別に免責の適用が判断される。その点、役員にとってはより安心感を得られる規定ぶりになっている。

〔山越誠司〕

Q6-5　確定判決免責

アメリカ型 D&O 保険における「確定判決免責」とはどのようなものですか。

A アメリカ型 D&O 保険においては、被保険者の故意による法令違反等が「裁判所その他の公的裁定機関による確定判決または確定裁定において認定された場合」に限り、保険会社は保険金支払義務を免れることとされており、これを確定判決免責（final adjudication exclusion）と呼びます。

解説

法令違反の事実を「被保険者が認識しながら（認識していたと判断できる合理的な理由がある場合を含みます。）行った行為に起因する損害賠償請求」を免責事由とする日本型 D&O 保険の場合と同様に、アメリカ型 D&O 保険においても、被保険者の故意の法令違反行為等に起因する損害賠償請求については保険者免責とされている。もっとも、両者の相違点として、上述のとおりアメリカ型 D&O 保険においては、そのような故意の法令違反等の事実が確定判決等において認定されない限り、保険者は保険金支払義務を免れないこととされている（確定判決免責：final adjudication exclusion）。そして、このような確定判決免責の存在により、アメリカにおいては会社または役員の責任を追及する訴訟が確定判決にまで至ることは滅多になく、被保険者による故意の法令違反等の事実の存在が強く推認されるような事案を含め、その大半が和解により終結するという実務が形成されるに至っている。

〔木村健登〕

Q6−6 身体障害等の免責

日本型D&O保険約款において，身体の障害，精神的苦痛，財物の損壊，プライバシー侵害等が免責となっているのはなぜでしょうか。以下のような免責条項がみられますが，この規定の効果について教えてください。

> （保険金を支払わない場合）
> 　次のいずれかに該当するものに対する損害賠償請求
> ア．身体の障害（傷害または疾病をいい，これらに起因する後遺障害または死亡を含みます。）または精神的苦痛
> イ．財物の滅失，損傷，汚損，紛失または盗難（これらに起因する財物の使用不能損害を含みます。）
> ウ．口頭または文書による誹謗，中傷または他人のプライバシーを侵害する行為による人格権侵害

A すでに存在する他の保険商品で補償できるリスクは補償対象外とする趣旨です。それによって，D&O保険固有のリスク分析や損害率の把握が容易になり，保険引受上もメリットがあるからだと思われます。

解説

自動車事故，製造物責任事故，労災事故等により対人・対物事故が発生するものは，それぞれ既存の保険があるため，D&O保険の支払対象外となっている。さらに，精神的苦痛に対する責任として，各種のハラスメント，不当解雇，不当な雇用差別などがあるとされ，保険会社として免責を主張できることになっている[1]。この点，アメリカ型D&O保険約款の場合は，被保険者の役員に関する雇用慣行リスクまで補償されていることが多い。

また，身体の障害や財物の損壊等の損害そのものに関する損害賠償請求は免責となるが，それ以外の損害賠償請求，たとえば，身体障害事故や財物損壊事故を発生させたことに起因して会社の業績が悪化したことについて，株主代表訴訟が提起されたような場合は免責とならない。すなわち，経営責任を問われている被保険者はD&O保険の補償対象になる。

〔山越誠司〕

1　山下編・第5章注25) 122頁。

Q6−7 株主代表訴訟の補償

株主代表訴訟は補償されているのでしょうか。

2021年に改正会社法が施行され、現在の保険約款は特約を付帯することなく株主代表訴訟が補償されています。

解説

従来の日本型D&O保険約款においては、株主代表訴訟免責があり、株主代表訴訟による損害賠償請求を補償するには株主代表訴訟補償特約を付帯し対応していた。株主代表訴訟に対する保険料を特約保険料として、普通保険約款部分に相当する保険料とは別に設定するというのが実務であった。

しかし現在は、この免責条項はなくなり、特約を付帯しなくても株主代表訴訟は補償されるのが一般的である。これは会社法430条の3においても、D&O保険の内容を決定するには取締役会の決議を得ることが規定され、利益相反取引に準じた手続を定めたことにより、その手続を踏んでいれば株主代表訴訟の補償も含めてD&O保険の契約締結が可能になったと考えることができる。

そして、経済産業省も国税庁に確認する形で、会社法の規定に基づき保険料を負担した場合には、当該負担は会社法上適法な負担と考えられることから、役員個人に対する経済的利益の供与はなく、役員個人に対する給与課税を行う必要はないとの文書を出し[2]、基本的な考えを明示するに至っている。

〔山越誠司〕

---

2 経済産業省・第5章注7)。

Q6-8　専門業務危険補償対象外特約

専門業務が免責の場合がありますが，どうしてですか。具体的にどのようなリスクを免責としていますか。

A 保険契約者の業務に起因する損害賠償請求については，専門業務賠償責任保険や生産物賠償責任保険で補償すべきとの考えがあります。よって，D&O保険では免責とされることがあります。免責とされる業務は，保険契約者による役務の提供や商品の製造販売が想定されます。

解説

専門業務危険補償対象外特約における専門業務とは，一般的に保険契約者の日々の業務を指すが，具体的には有償で行われる役務の提供や商品の製造販売などの業務になる。そして，それらの業務に起因して生じた損害賠償請求が補償対象外になると考えられる。

たとえば，保険契約者がコンサルティング業務を提供している場合，その役務の提供に起因する損害賠償請求は，D&O保険ではなく専門業務賠償責任保険で補償されるべきことになる。あるいは，保険契約者が食品を製造販売している場合等は，その製造販売に起因する損害賠償請求は，D&O保険ではなく生産物賠償責任保険（以下，本Qでは「PL保険」という）で補償されることになる。

通常このような日々の専門業務に起因する損害賠償請求は，取引先や顧客などから会社に対してなされることが多い。そして，損害賠償請求する側が会社と役員の双方に損害賠償請求することもあり得る。そのようなケースで役員を補償したいときは，専門業務賠償責任保険やPL保険等，専門業務に起因する損害賠償請求を補償する専用の保険で対応すべきであり，D&O保険はあくまでも経営責任を問われて損害賠償請求された場合の保険であるという整理ができる。

実際，各保険会社のアンダーライティングの過程で，本特約を付帯するかど

うかは検討されていることが多く，すべてのD&O保険に専門業務危険補償対象外特約が付帯されているわけではない。業種によって専門業務のリスクが極めて高いと判断された場合に本特約が付帯されることが多く，特に金融機関のようなハイリスクの業種のD&O保険では，専門業務危険補償対象外特約が付帯されることが多い。

　また，前述したように経営責任を問われて損害賠償請求された場合まで免責とする意図ではないので，「被保険者に対してなされた株主代表訴訟および株主からなされた損害賠償請求に対しては適用しません」と規定され，そのようなケースでは補償されることになる。

〔山越誠司〕

Q6-9 特定事案補償対象外特約

特定事案補償対象外特約とは何ですか。

A 前契約の保険期間内で，すでに発生してしまった保険事故や事故のおそれを当該保険契約では補償対象外とする特約です。それによって，既発生の保険事故や事故のおそれは，前契約で事故処理することになります。

解説

　D&O保険に新規で加入手続する場合あるいは継続手続する場合，保険契約者と被保険者は保険会社に対して告知をする必要がある。保険法4条において保険契約者または被保険者は，損害保険契約の締結に際して損害の発生の可能性に関する重要な事項のうち，保険会社が告知を求めたものについて事実の告知をしなければならない。そして，告知事項について故意または重過失により事実の告知をせず，または不実の告知をした場合，保険会社は告知義務違反を理由に損害保険契約を解除できる（保険法28条1項）。この解除の効果は将来に向かってのみその効力を生ずる（保険法31条1項）とされているが，解除前に発生した事故に関しては遡及して保険金支払責任を負わないとされている（保険法31条2項1号）。

　この告知という手続の過程で明らかになった損害の発生の可能性に関する重要な事項の中に，もし保険事故や事故のおそれが含まれていた場合，その事案は，新規契約あるいは継続契約において免責とするために，特定事案補償対象外特約を付帯することになり補償されない。

　新規契約の場合は，すでに発生している保険事故や保険事故になる可能性が高い事象に保険会社が補償を提供することはないであろう。保険金支払が発生することがほぼ確実であれば，いくら高い保険料を徴収しても，そもそも保険として成り立たないということである。

　一方，継続契約の場合は，保険事故や事故のおそれを継続契約では免責とす

るものの，既存の保険契約で事故受付して補償することになる。たとえば，既存の保険契約である保険証券Aの保険期間が2021年7月1日から2022年7月1日であるとしよう。そして，継続契約は保険証券Bで保険期間は2022年7月1日から2023年7月1日になる。継続契約の加入手続の段階で判明した保険事故や事故のおそれは，保険証券Bにおいて特定事案免責としておき，保険証券Aにおいて事故受付して，将来保険金支払が確定した時点で，保険証券Aによって保険金を支払うことになる。想定される特定事案補償対象外特約の文言は以下のとおり。

（保険金を支払わない場合）
　当社は，直接であると間接であるとを問わず，保険証券記載の特定事案に起因して被保険者に対してなされた損害賠償請求に起因する損害に対しては，保険金を支払いません。

（以下省略）

〔山越誠司〕

第7章

D&O 保険の契約実務

Q7-1　保険会社の変更時に気をつけること(1)

補償を確保する観点で、保険会社の変更の際に保険契約者が気をつけるべきことは何でしょうか。

A 保険料が安価であるという理由だけで、安易に保険会社を乗り換えるようなことをしていると、保険の構造上、補償の空白ができて、必要な時に必要な補償が得られないことが生じるので、補償の空白ができないように、通知義務や告知義務について誠実に対応する必要があります。

解説

まず、D&O 保険が請求事故方式（claims made basis）になっていることを認識しておく必要がある。火災保険や自動車保険は事故発生方式（occurrence basis）で、事故が発生した時の保険証券で事故対応する。たとえば、2022年の保険証券の保険期間内で事故が発生し、2023年に事故通知したとしても、2022年の保険証券で保険金を支払う。これを事故発生方式という。しかし、D&O 保険の場合は請求事故方式なので、2022年の保険証券の保険期間内にお

ける役員の行為に起因して2023年に損害賠償請求があった場合，2022年ではなく，損害賠償請求のあった2023年の保険証券で保険金を支払うことになる。これを請求事故方式という。

次の図表で説明すると，①の事案は，2022年に役員の行為があり，請求が2022年中にきているので，2022年の保険証券で対応する。一方，②の事案は2022年に役員の行為があり，その後しばらく時が経過した2023年に請求されたケースで，この場合，2023年の保険証券で対応する。

【請求事故方式の仕組み】

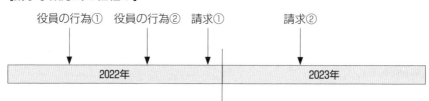

① 2022年の保険契約で事故受付
② 2023年の保険契約で事故受付

この点を踏まえて，保険会社変更のシナリオを次の図表をもとに考えてみる。たとえば，2022年にA保険会社でD&O保険を契約していたが，2023年によりよい条件のB保険会社に変更したところ，2022年の保険期間内に深刻な製造物責任事故が発生したが，A保険会社へ事故通知していなかった。さらに，B保険会社に変更するとき，その製造物責任事故の件について告知をしていなかった。その後，2022年に発生した製造物責任事故が原因で株価が下がったために，複数の株主が役員に不満を抱き，2023年には製造物責任事故に起因して株主から役員への損害賠償請求がなされることになる。

このようなケースにおける最悪のシナリオは，まずA保険会社が保険期間外の請求なので補償対象外と主張する。さらに，B保険会社としても，契約締結時に告知すべき事故のおそれを告知しなかったということでB保険会社が免責を主張することになる。結果的に，被保険者である役員は，A保険会社からも

B保険会社からも保険金を受け取ることができなくなるという深刻な問題を引き起こすことになる，というものである。よって，請求事故方式を採用している D&O 保険契約においては，どんなに良い条件が提示されたとしても，保険会社を変更するという判断は慎重になされるべきことになる。

【D&O 保険の補償に空白領域ができるシナリオ】

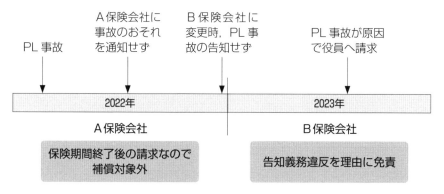

〔山越誠司〕

Q7-2 保険会社の変更時に気をつけること(2)

保険会社との関係性を維持する視点で，保険会社の変更の際に保険契約者が気をつけるべきことは何でしょうか。

A どの時点で保険事故が発生するかわからない不確実性があるからこそ，保険契約における長期的な取引関係は重要です。安ければよかろうと安易に保険会社を変更することは，保険契約者・被保険者にとって望ましいことではありませんので，できるだけ同じ保険会社と長く取引し，相互理解を深めるのがよいでしょう。

解説

　D&O保険は1年契約で毎年継続することになるが，この継続作業が保険契約者と保険会社にとって非常に重要な相互学習の機会となっている。D&O保険は保険契約者によって条件にバラつきがあるが，それは毎年交渉する過程で，条件を追加したり削除したり，いろいろ保険契約者に合致した内容にすべくすり合わせがなされているからである。そこで，毎年同じ保険会社と交渉することで累積経験量に基づく学習効果が発揮され，年を追うごとにノウハウが蓄積されていく利点がある。そして，特に保険取引は当事者の信義則が重要な要素であり，高度な信頼をもとに双方の情報が十分に開示されると，契約締結までの取引コストを低下させる効果があり無駄を排除できる。さらに，長期継続的取引は，とりわけ，すり合わせが重要な業種において強さの源泉であるといわれるほど重要な要素になる。

　また，保険は時間軸でリスクを移転する効果があるが，より長く同じ保険会社に保険料を積み上げることによって，保険金支払が発生した後の保険会社からの保険料増額交渉への対処が異なってくることがある。図表の事例で説明すると，まずシナリオ1ではA保険会社に過去10年間に毎年約450万円から600万円の保険料を支払い続けてきた保険契約者がいたとする。この10年間の支払保

険料は合計5,500万円にも達している。そして、2022年に保険事故が発生して2,000万円の防御費用を保険金として受領することになったというのがシナリオ1になる。

そして、シナリオ2では、保険契約者が2022年に競争入札した結果、A保険会社よりB保険会社が200万円安い保険料を提示したので、A保険会社からB保険会社に切り替えた事例を想定している。しかし、同じ年の2022年に同じく保険事故が発生し、2,000万円の保険金支払が発生したというのがシナリオ2となる。

どちらのシナリオにおいても2023年に保険会社からの保険料増額交渉がなされることになるが、過去10年間をみれば明白なようにA保険会社の損害率は36％、B保険会社の損害率は500％になる。損害保険業界の予定損害率は60％といわれているので、A保険会社にしてみれば、2,000万円の保険事故が発生しても、引き続き本保険契約者は優良契約者であるともいえる。当然、保険料の引上げ率も穏やかで済むはずだが、B保険会社の事案では優良保険契約者とはいえない状況であり、2023年の保険料引上げ率は30％以上を覚悟しなければならないかもしれない。

【損害率にみる長期継続取引の利点】

シナリオ1：A保険会社 (万円)

年度	保険料	保険金
2013	450	
2014	450	
2015	550	
2016	550	
2017	550	
2018	550	
2019	600	
2020	600	
2021	600	
2022	600	2,000
累計	5,500	2,000
損害率		36%

シナリオ2：B保険会社 (万円)

年度	保険料	保険金
2013		
2014		
2015		
2016		
2017		
2018		
2019		
2020		
2021		
2022	400	2,000
累計	400	2,000
損害率		500%

このように，保険取引における競争入札の弊害は，どの時点で保険事故が発生するか不確定なリスクを移転している保険契約において顕著に現れることを念頭において対応することが重要になる。安ければよいという発想から安易に保険会社を変更すると，保険契約の本質を見失うことになるかもしれない点は留意すべきである。

〔山越誠司〕

Q7-3　子会社を売却した場合

A社の子会社であるB社をC社へ株式譲渡により売却した場合，B社の役員の株式譲渡前の行為に起因するD&O保険の補償はどのように確保されるべきでしょうか。

A 子会社B社が親会社A社のD&O保険の補償対象となっている場合は，そのままA社のD&O保険で補償されます。問題は，親会社A社の補償対象ではなく，B社が独自にD&O保険に加入していた場合です。そのようなケースでは，ランオフ・カバーという特殊な保険を手配する必要があります。

解説

この場合，A社のD&O保険に子会社B社が対象になっている場合と，子会社B社が独自にD&O保険を付保している場合で対応が異なる。

まず，A社のD&O保険に子会社B社が対象に含まれている場合，子会社B社役員の譲渡日前の行為に起因する損害賠償請求等は，引き続きA社のD&O保険で補償されるのが一般的である。よって，A社のD&O保険契約が継続されている限り，特別な対応は必要ない。

一方で，子会社B社が独自にD&O保険を付保していた場合で，子会社B社がそのまま法人として存続する場合は，子会社B社が加入している保険会社に承認してもらい，そのD&O保険の補償を確保することが考えられる。なぜなら一般的に，会社の支配権が変わるような事象が生じた場合，当該事由の発生後の行為に起因する保険事故は免責とされているためである。いったん，そのような事象が発生した場合は免責としつつ，保険会社として再度リスク評価した結果，リスクの増大はないと判断した場合は，保険料を追加することもなく，そのまま補償を有効として保険契約を維持する場合や，リスクが高まったという判断がある場合は，追加保険料を徴収して補償を維持することもある。よって，保険契約者や被保険者としては会社の支配権が変更になるような事象が生

じた場合，すみやかに保険会社へ承認を求めることになる。

　しかし，子会社B社が消滅して，C社に吸収合併されるような場合には，子会社B社の法人格がなくなるのでD&O保険契約は締結できない。そのため，B社が株式譲渡される前にランオフ・カバー（run-off cover）という延長通知期間を確保して，譲渡後に損害賠償請求等があった場合に事故受付してもらう必要がある。

　そして，ランオフ・カバーにも2種類あり，子会社B社が加入していたD&O保険をそのままランオフ・カバーとする方法と，譲渡される時点から新たに単独ランオフ・カバー（stand-alone run-off cover）を手配する方法がある。一般的に，子会社B社のD&O保険をそのままランオフ・カバーとするほうが簡便であるが，より充実した補償を確保したい場合は，単独ランオフ・カバーのほうがランオフ専用の補償内容になっていることが多く，被保険者にとって望ましい場合が多い[1]。

【譲渡日前の行為に起因する請求のためのランオフ・カバー】

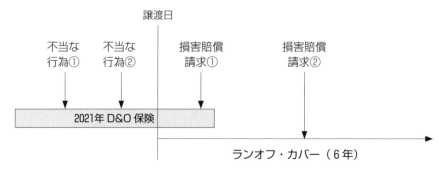

〔山越誠司〕

1　山越・第5章注1）188〜189頁。

Q7-4　他の会社を買収した場合

新規事業に進出するために，A社がB社を買収して子会社化した場合，B社のD&O保険はどうするべきでしょうか。

 買収した子会社B社のD&O保険を解約する場合と，そのまま契約を存続させる場合があり得ます。事案ごとの判断が必要になるでしょう。

解説

A社のD&O保険が子会社も対象とする保険契約であれば，親会社となるA社のD&O保険にB社を対象子会社として含め，B社のD&O保険を解約することもあり得る。

あるいは，B社のリスクが特殊で総資産や売上高も大きいなどの事情がある場合，B社が契約しているD&O保険を継続しつつ，保険事故時には最初に適用されるプライマリー保険として活用し，A社のD&O保険をエクセス保険としてB社役員を補償対象に含めることができる。その場合，重複保険になることを回避するために，以下のような特約を付帯して，どちらの保険が先に適用になるのか順位を決めておくことが望ましい[2]。

Amended Other Insurance Endorsement
"Notwithstanding the section headed XX Other Insurance, this policy will act as primary to the global D&O insurance policy of ABC Co., Ltd."
他保険条項修正特約
「XX条規定の他保険条項にもかかわらず，本保険証券は，ABC株式会社のグローバルD&O保険証券に対して，プライマリーとして機能します。」

2　山越・第5章注1）136～137頁。

このような調整をしておくことで、保険事故が発生した場合は、B社のD&O保険が先に適用になり、その後、A社のD&O保険がエクセス保険として機能するようになる。

　また、A社のD&O保険約款が買収した子会社を補償する内容になっているかどうかは、事前に確認する必要がある。日本型D&O保険では、特約によって子会社を新設した場合やある会社を買収することによって子会社化した場合に、一定の条件で自動担保する場合もあるが、日本国外の子会社は対象外である、あるいは、非上場子会社であることなどの条件が付されていることが多い。また、アメリカ型D&O保険でも、子会社の自動担保条項の規定が存在しているのは通例であるが、その条項の詳細を確認する必要がある。たとえば、ある一定規模以上の大型買収の場合、あるいはアメリカ所在の企業を買収する場合、金融事業や投資事業のようなハイリスクの事業の場合は、自動担保はされず、保険会社への通知および一定期間内における追加保険料の支払を要件とされていることがある。いずれにしても、条件次第なので子会社の自動担保条項の内容を理解しておく必要がある

〔山越誠司〕

Q7-5　複雑なリスクを抱える会社を買収した場合

A社がB社を買収して子会社化する予定ですが，B社の所在地が海外であり，なおかつ多くの国で事業展開しており，複雑なリスクを抱えています。この場合，D&O保険の手配でどのような対応が考えられますか。

A A社が買収予定のB社は，海外所在の会社で事業規模も大きく，複数の国で事業活動しており，複雑なリスクを抱えているとのこと。この場合，単純にA社のD&O保険の子会社自動担保条項だけに頼るのではなく，B社の単独D&O保険を検討することもあり得る選択肢です。

解説

B社がD&O保険契約を締結している場合は，そのまま継続すること，あるいは，D&O保険に加入していなければ，新規に契約することも考え得る対応となる。当然，A社がB社を買収する前にデューデリジェンスにより，B社のリスクの概要は把握しているであろうが，その結果，複雑で不確実性の高いリスクが内在する事業内容である場合，複数の国で事業展開しており，各国の訴訟制度や法令に関して予測可能性が低い場合，事業の性質上各国の当局の規制が厳格な業態の場合などには，特にB社による単独のD&O保険を検討する価値は高い。なぜなら，親会社であるA社が所在する日本から，B社が事業展開している第三国のリスクまで把握するのは非常に困難を伴うからである。

たとえば，B社の所在地がイギリスで，B社が子会社等（A社の孫会社）で事業展開している国がブラジル，インド，アルジェリア，ルーマニアなどA社にとって馴染みのない国である場合，A社の所在する日本から各国現地の訴訟制度やリスク実態を理解するのは難しい。一方，B社はそれぞれの国で長年事業をしているので，ある程度のことは把握できているわけで，そのように考えると，B社は自社にとって必要なD&O保険の補償内容を理解していることになり，適切に対処できる可能性が高いといえる。よって，B社による単独の

D&O 保険の手配にも合理性があることになる。

〔山越誠司〕

Q7-6 アメリカ上場予定企業のD&O保険の手配

日本に本社を置く企業が，日本国内の証券取引所には上場せず米国で上場を予定しておりますが，D&O保険手配の注意点を教えてください。

A 米国上場時におけるD&O保険の手配では，リスクの高い証券訴訟をカバーするサイドCの手配が困難を極めます。引受先が見つからないケースも想定されますので，妥協案も準備しながら，最善の保険条件を詰めていく必要があるでしょう。

解説

アメリカ上場の場合，日本に比べ証券訴訟リスクや現地で従業員を雇った場合の雇用慣行リスク等が高く，訴訟環境も大きく異なるので，D&O保険の手配は補償内容を詳細に検証した上で手配する必要がある。

一方，保険会社の引受姿勢は厳しく，提供できるキャパシティも限られる。特に証券訴訟リスクについては，日系保険会社は得意としておらず，日本型D&O保険のサイドCは日本の金融商品取引法に基づいた補償となっており，アメリカにおける証券訴訟には対応できないため，保険約款を修正してもらうか，引受可能な外資系保険会社を活用する，あるいは再保険マーケットに直接アクセスする，現地保険会社を通じた手配を検討するなどの対応が考えられる。

サイドCを手配しないという選択肢もあるが，アメリカの証券訴訟では役員個人と法人が同時に賠償請求を受けるケースが一般的であり，創業間もない企業となれば賠償資力も限られているので，サイドCを付帯したD&O保険の手配ができるかどうかが上場時の課題の1つとなり得る。

〔瀧山康宏〕

Q7-7 支払限度額の設定

D&O保険の支払限度額についてはどのような基準で設定すべきでしょうか。

A D&O保険のような賠償責任リスクの定量化は困難なので，正しい方法が1つということではありません。信頼できるベンチマークもあるわけではないので，あらゆる情報を総合して判断することになります。

解説

賠償責任リスクについては保険価額がないため，いくらで設定すれば完全にリスク移転できるというものでもない。したがって，過去の訴訟事例，業界他社の支払限度額等を参考に，総合的な判断により決定しているのが実態である。

保険会社や保険ブローカーが自社顧客のデータから業界別のベンチマークを算出し推奨したり，責任限定契約に合わせて支払限度額を推奨したり，いろいろな工夫がなされているが，ベンチマークは米国の保険市場の状況が反映されていたり，責任限定契約も適用条件を満たせなかった場合には，役員はそれ以上の負担が発生する場合もあったり，論理的な支払限度額の水準を見出すのは困難といえる。

日本企業が手配する会社の属性別の支払限度額イメージは下記のとおりであるが，株主代表訴訟リスクだけではなく，アメリカでの第三者賠償責任リスク，雇用慣行リスク等の高まりもあり，高額な限度額設定を検討する企業は増えている。

- 東京証券取引所1部上場企業：10～50億円
- その他新興市場を含む上場企業：5～10億円
- グローバル展開度の高い金融機関，商社，製造業等：50～100億円超

〔瀧山康宏〕

Q7-8　支払限度額の増額

保険ブローカーより支払限度額の増額を勧められておりますが，増額する場合，どのような点に注意すべきでしょうか。

　支払限度額の増額方法は複数あるので，自社にとって最適な方法を採用する必要性があります。

解説

保険料を100％会社負担することが会社法でも認められ，支払限度額の増額を検討する企業が増えてきた。増額の方法としては以下の3点が挙げられる[3]。

① 既存の保険会社に支払限度額を増額してもらう（単純増額方式）
② 既存の保険の上に別の保険会社で保険を上乗せする（上乗せ方式）
③ 既存の保険会社に他の保険会社も参加してもらい，共同保険として引受してもらう（共同保険方式）

それぞれメリット，デメリットがあるため，各企業における状況を勘案し選択することとなるが，①単純増額方式，③共同保険方式では，特定の保険会社に依存してしまうことになるので，②上乗せ方式は若干優位性があると思われる。

ただし，わが国で上乗せ方式は一般的ではないので図表を使い説明する。次頁の図表のとおり100億円の支払限度額を購入する場合，A社からJ社までの10社で全体の保険を構築することになる。そして，ここでいうA社をプライマリー保険会社といい，その上のB社からJ社までをエクセス保険会社という。

3　山越・第5章注1）216頁。

つまり，100億円の支払限度額を横に切ってレイヤーを構成し，各保険会社が望ましいレイヤーに対して保険を提供していくというものになる。このとき，上層レイヤーを得意とする保険会社もあれば，下層レイヤーを強みとする保険会社もあり様々である。よって，各保険会社の意向も確認しながら保険ブローカーが最適な保険料を勘案し，保険全体を調整していくことになる。また，保険約款に関しては，プライマリー保険会社の保険約款に各エクセス保険会社が追随するというフォローフォーム方式を採用していることが多い。

しかし，この上乗せ方式にも次の課題がある。たとえば，被保険者がプライマリー保険会社と和解してしまった場合，エクセス保険会社に請求できるのか，あるいは下層レイヤーの保険会社が破綻した場合に，上層レイヤーの保険はどのように発動するのかといった点が明確になっていないことがある。なぜなら，

【上乗せ方式の例】

100億円

J社 10億円
I社 10億円
H社 10億円
G社 10億円
F社 10億円
E社 10億円
D社 10億円
C社 10億円
B社 10億円
A社 10億円

フォローフォーム方式の保険約款は通常，下層レイヤーの支払限度額が費消しない限り，上層レイヤーの保険は発動しないという約款文言になっているためである。すなわち，和解や破綻というようなことは約款の内容において想定されていないことになる。

　そこで，和解については，和解前にエクセス保険会社ともしっかりと協議する，破綻については，下層の保険会社が破綻した場合にも上層レイヤーの保険が適用になるよう，ドロップダウン条項という特殊な特約を付帯したエクセス保険とするなどの対策を打つことである程度は回避できることになる。

　いずれにしても，複雑な上乗せ保険の構造を熟知した保険ブローカーや保険代理店を指名し，保険会社に参考約款等を提示した上で交渉していく必要がある。

〔瀧山康宏〕

Q7-9 保険料上昇局面の保険設計

海外にも事業展開しているグローバル企業のA社がアメリカ型D&O保険に加入しています。最近，保険市場がひっ迫し保険料が上昇していますが，保険料の上昇を抑制したいと考えました。A社の現在のD&O保険契約の構造は以下のとおりで，サイドAとサイドB，サイドCの補償をすべて確保しています。現契約のストラクチャーを変更して保険料を下げるしかないと思われますが，どのような方法が考え得るでしょうか。

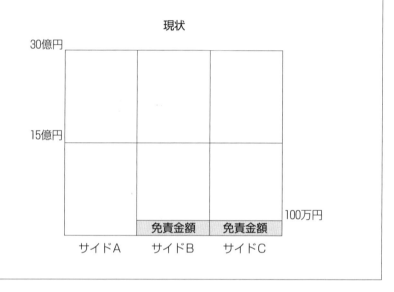

A 最初に考え得る方法は，会社のための補償である，サイドBやサイドCの免責金額を上げることになります。次に取り得る方法は，サイドBとサイドCの補償は購入せず，サイドAのみのD&O保険とすることです。

解説

図表で説明すると，まず考え得る代案①は，サイドBとサイドCの免責金額を上げる方法である。現行の免責金額は100万円だが，現金が豊富で手元流動

性の高い大企業の場合，免責金額を1,000万円まで上げる，あるいはそれ以上の高額な免責金額を検討してもよいであろう。そのような会社の場合，役員に対して数千万の会社補償をしたところで，財務的なインパクトが少ないので，思い切って会社の補償であるサイドBの免責金額を高く設定することはあり得る選択肢になる。また，証券訴訟で会社が被告になり，会社が防御費用等を負担しなければならない場合も考え方は同じである。日本では高額の免責金額を設定することに抵抗感があるようだが，アメリカやオーストラリア等では戦略的に免責金額を活用することが多いと思われる。

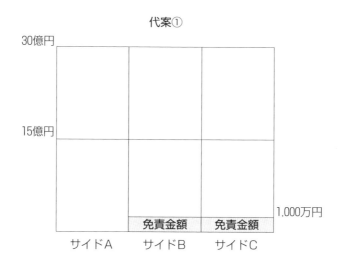

 次に代案②として，サイドBとサイドCの購入をやめて，サイドAのみの契約とする方法があり得る。本来のD&O保険は，役員を守ることを主眼に置いているので，サイドAのみのD&O保険契約で役員を補償することに注力することも可能である。その結果，会社の補償がなくなることになるが，財務が健全である限り大きな問題にはならない。
 また，保険金の配分（allocation）の問題は生じるが，保険約款に規定を設けて，たとえば，被保険者と保険会社で誠実に協議することとし，もし30日以

内に合意に至らない場合は，保険会社が被保険者に費用を前払いするという約款の規定の仕方もあり得るので保険会社と交渉してみる価値はある。

〔山越誠司〕

Q7-10 条件交渉を有利に進める方法

D&O保険の保険料を含めた条件交渉において，準備しておいたほうがよいポイントはありますか。

A ①過去に支払った保険料の履歴を準備しておくこと，②会社の業績やリスク管理の状況を説明できるようにしておくこと，③保険事故の状況をできるだけ詳細に説明し，解決に向けた方向性を示すことができるようにしておくこと，この3点は大切です。

解説

いくつか重要なポイントがあるが，条件交渉は，保険会社，保険代理店あるいは保険ブローカーとの協働という認識で条件を詰めることが重要である。お互いが持っているノウハウや情報を提供し合って，よりよい保険にするという姿勢が大切になる。その場合，以下の3点は当事者がリスクや保険条件の理解を深めるのに有効であると思われるので，実行してみるとよい。

① 過去の保険料支払履歴を整理する（可能であれば過去10年以上）
② 自社のIR部門（インベスター・リレーションズ部門）の協力も得て，保険会社向け説明会を開催する
③ 保険事故あるいは事故のおそれがある場合は，できるだけ現状を説明する

まず，保険契約者として，過去の保険料支払履歴を整理し，保険会社に提示することを検討したい。10年でも20年でも遡れるだけ遡り，過去から保険料を積み上げてきていることを確認する。もちろん，保険会社にも同じデータがあるかもしれないが，たとえば，システム上3年前までの記録しか確認できない等，保険会社のシステムの問題や担当者が代わったという理由で，保険会社側

で過去の保険料履歴を把握できないこともある。よって，双方の確認のためにも過去に支払ってきた保険料の履歴は準備しておきたい。

　保険契約は1年ごとの更新ではあるものの，保険料の履歴は，損害保険契約が長期継続的な取引関係を持った契約形態であることを当事者が再認識するよい機会になる。その点を踏まえると，契約継続時に保険料を極端に上げる，あるいは下げるということがコストの平準化という観点で，当事者にとって望ましいことではないことが理解できる。

　次に，D&O 保険を引き受けている保険会社に対して自社の業績やリスク管理の状況について説明会を開催するのも有用である。アメリカやヨーロッパの会社にとっては一般的な実務であるが，日本で実行している会社はほとんどないと思われる。上場会社であれば，投資家や格付会社に業績や経営戦略等を説明する IR 部門があるので，保険会社に対して IR の専門家に直近の業績等を説明してもらうのはアンダーライティング，すなわち保険引受審査の検討材料を提供するという観点から効果的であろう。また，その時々で取り組んでいるリスク管理の重要テーマを説明しておくことも大切である。継続的に新しいことに取り組み，リスク管理の高度化に取り組んでいる姿勢を示すことは，保険会社に前向きな印象を持たれることになる。

　最後に，保険事故があった場合は，その進捗をできるだけ報告しておくこともお互いの信頼関係の維持のために重要である。保険事故の状況次第では，保険会社が踏み込んで事故処理に関与したい場合もある。あるいは，保険契約者としても保険会社から助言を得ることも可能な場合があるので有用である。さらに，事故のおそれに関しても躊躇することなく，事故通知することが望ましい。事故の初期段階で保険会社として情報収集したい，あるいは初動を確保したいということもある。意外にも事故のおそれを含めて，事故通知が遅れたことが原因で当事者の信頼関係が破壊され，保険金請求が順調に進まないということはあるので注意したい。

〔山越誠司〕

第 8 章

子会社の D&O 保険

Q8-1　非上場の子会社の D&O 保険加入

非上場子会社の役員も D&O 保険に加入する必要がありますか。

A 　非上場子会社の役員も，取引先や従業員からの損害賠償請求は想定されます。また，少数株主がいれば，株主代表訴訟もあり得るでしょう。その点，D&O 保険は必要ということになります。

解説

　D&O 保険の必要性については各社の判断になるが，非上場子会社の役員についても D&O リスクはある。その場合，株主からの損害賠償請求だけではなく，取引先や顧客からの損害賠償請求が想定される。また，子会社に少数株主がいる場合は，少数株主からの損害賠償請求（株主代表訴訟）もあり得る。よって，非上場子会社の役員にも D&O 保険の必要性はあるといえる。

〔山越誠司〕

Q8-2 親会社の従業員が子会社の役員となる場合

親会社において役員ではない従業員が子会社の役員となる場合も対象となりますか。

 子会社もD&O保険の対象子会社であれば、子会社役員（親会社では従業員）も被保険者になります。

解説

親会社においては役員ではなく従業員（使用人）であって、子会社において役員となっているということは、よくあるケースである。D&O保険では、親会社の保険契約に子会社も対象として含めることができる。この契約の場合において、被保険者となる役員は親会社の役員とその子会社の役員なので、親会社では従業員であっても、子会社において役員の場合は、D&O保険の被保険者となり得る。保険約款によって被保険者の範囲は異なるので、十分確認しておくことが大切である。

〔山越誠司〕

Q8-3 保険契約者の子会社でなくなった期間に行われた行為

子会社を含めて契約した場合，保険期間の途中で，保険契約者の子会社でなくなった期間に行われた行為に起因する損害賠償請求の取扱いはどうなりますか。

多くの保険約款では，子会社でなくなった後の行為に起因する損害賠償請求は補償対象外になります。

解説

日本型D&O保険約款には，「保険金を支払わない場合」において，記名法人（保険契約者）の会社法に定める子会社に該当しない間に行われた行為に起因する損害賠償請求は免責となる条項が存在しているので，D&O保険の対象にならない。免責の文言としては，以下のような規定がみられる。

（保険金を支払わない場合）
　記名子会社の役員に対する損害賠償請求のうち，記名法人の会社法に定める子会社に該当しない間に行われた行為に起因する損害賠償請求

これは，アメリカ型D&O保険約款でも同様で，子会社でなくなった後の役員の行為に起因する損害賠償請求は補償の対象外になっている。よって，新たに保険契約を締結するなどの対応が必要になる。

〔山越誠司〕

Q8-4 出資先の企業に役員を派遣している場合

A社が20％出資している日本所在のB社に，A社から2名の従業員を役員として派遣しているケースがあります。その2名がB社の役員としての業務執行に起因して損害賠償請求された場合，A社のD&O保険でこの2名の従業員を補償できますか。

A 一般的に，派遣役員賠償責任補償という特別な特約でカバーされることがあります。特約文言によって補償される内容も異なるので確認してください。

解説

一般的に子会社の範囲は，親会社が直接的あるいは間接的に50％超の議決権があることや，会社法上の子会社であること，などと定義されており，親会社の出資が20％である本事案では，B社に派遣された従業員2名は，D&O保険の被保険者とはならない。しかし，アメリカ型D&O保険や日本型D&O保険の特約では，派遣役員賠償責任補償（outside directorship liability coverage，以下「ODL補償」という）の条項が存在していることがあり，役員としてB社に派遣されている2名の従業員は，ODL補償の被保険者となる場合がある。よって，B社に派遣されている従業員2名がB社の役員としての地位に基づく業務執行に起因して損害賠償請求された場合は，A社のD&O保険のODL補償でカバーされる。もし派遣先の会社がアメリカの上場会社の場合は補償対象外になっていることが多いので，保険会社に通知して補償対象に追加してもらうことが必要になる。

保険の適用順位については，B社もD&O保険に加入している場合，まず，B社のD&O保険が適用になり，B社のD&O保険で免責になる場合あるいは支払限度額を費消した場合等にはじめてA社のODL補償が適用されることになる。

〔山越誠司〕

Q8-5 派遣役員に対する会社補償とD&O保険の適用順位

A社が20％出資している日本所在のB社に役員Xが派遣されています。派遣されている役員XがB社の業務執行に起因して損害賠償請求等された場合、A社とB社の会社補償とD&O保険の適用順位はどのようになりますか。

基本的に、①B社の会社補償、②B社のD&O保険、③A社の会社補償、④A社のD&O保険（ODL補償）、という順位になります。

解説

A社からB社に役員として派遣されているXが、B社の業務執行に起因して損害賠償請求された場合、まずは、B社の会社補償とD&O保険が適用にならないか確認する必要がある。

もし、B社に補償契約や補償規則のような会社補償制度が存在し、役員が損害賠償請求等を受けた場合、特に第三者訴訟の事案では防御費用を会社が補償することが可能な場合がある。その場合、Xは、まずB社の会社補償制度に防御費用を請求することになる。B社に会社補償制度が存在しない場合、あるいは会社と役員の間で利益相反がある事案として会社補償ができない場合は、B社のD&O保険で補償してもらうことになる。

以上のように、まずはB社の会社補償とD&O保険を適用することになるが、それでもXを守ることができない場合は、A社の会社補償を確認することになる。もし、B社に派遣されたXがB社の業務執行に起因して損害賠償請求等された場合でも、A社の会社補償が適用できるのであれば、A社の会社補償でXの損害を補償することなる。さらに、A社の会社補償が利用できない場合は、最後にA社のD&O保険にあるODL補償の適用可能性を検討することになる。

本事案は、日本所在のB社のケースであるが、派遣先の会社が海外の場合は、会社補償制度が存在する国であるのか、あるいは存在しているとしてどのよう

127

な内容の会社補償なのか,また,派遣先会社のD&O保険の補償内容はどのようなものかなど,把握することが非常に困難なので,自社の会社補償とD&O保険のODL補償を確保しておくことは,派遣された役員を守る上で重要になる。

【会社補償とD&O保険の適用順位】

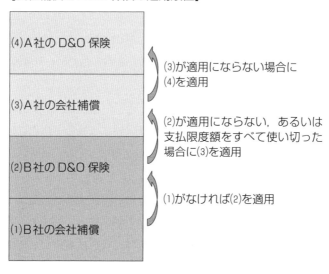

〔山越誠司〕

Q8-6 業務委託契約した人材を役員として派遣する場合

A社が20%出資している海外所在のB社に，A社と業務委託を締結したXをB社の役員として派遣しています。その場合，A社のD&O保険でXの補償は確保できるでしょうか。

 一般的には業務委託によって派遣した役員までは補償していないことが多いと思われるので，別途手当てが必要になると思われます。

解説

保険約款の規定次第であるが，一般的には派遣役員賠償責任補償（ODL補償）の対象外となっていると思われる。ODL補償の被保険者は，あくまでもA社グループの役職員が対象であり，A社が業務委託しているXのような人材を補償する意図はないと思われる。この場合，B社においてD&O保険を契約してもらうことを要請することに加えて，A社とXが補償契約（indemnification agreement）を締結することが考え得る対処方法になる。

〔山越誠司〕

第 9 章

非上場会社の D&O 保険

> **Q9−1** 非上場会社の特有のリスク
>
> 上場会社の子会社等ではなく親会社がない非上場会社，たとえば，創業者一族が株主であるような会社は，D&O 保険は不要でしょうか[1]。

A 株主代表訴訟は，上場会社よりも非上場会社の役員に対して提起されることが多いので，むしろ非上場会社こそ D&O 保険の必要性を検討するとよいでしょう。

解説

わが国において株主代表訴訟といえば上場会社の事件と思われがちであるが，実は 7〜8 割は非上場会社の事件になる[2]。非上場会社には同族会社も多いが，これらの会社では通常株券は発行されていないし，株主名簿すら整備されてい

---

1 非上場会社の論点については，山越誠司『先端的賠償責任保険』（保険毎日新聞社，2022年）189頁以下参照。
2 金築誠志「東京地裁における商事事件の概況」商事法務1425号4頁。

ないことも珍しくない上，名義と実質的な株主が一致しないことが多い。そして，株主総会や取締役会は登記申請書の添付書類の中に存在するだけで，会合自体が開催されていないというのがごく一般的である。

こうした会社で創業者の死亡や兄弟の仲違いをきっかけに支配権争いが始まると，紛争は泥沼化して，次々と上記のような不備を突いて，いろいろな訴訟が提起されることになる[3]。このように考えると，非上場会社には特有のリスクがあり，それに対し，D&O保険は非上場会社のリスクマネジメントとして有効であるともいえる。

ただし，注意しなければならない点は，馴れ合い訴訟や内輪もめ訴訟を補償しない目的で，被保険者間免責条項や大株主免責条項のあるD&O保険約款であれば，このような事案は補償の対象にならない。よって，被保険者間訴訟や大株主からの訴訟を補償しているD&O保険を採用すべきことになる。

〔山越誠司〕

---

[3] 金築・前掲注2）3頁。

Q9-2 非上場会社の株主代表訴訟の特徴

非上場会社の株主代表訴訟には、どのような形態が多いのでしょうか。

A 親族間の後継者争いなどが多いので、人間関係の問題について、会社法を利用した法律問題として提訴するケースが多いと思われます。よって、紛争の解決には長期間を要することが多いでしょう。

解説

たとえば、東京地方裁判所商事部における商事訴訟事件の多くは、譲渡制限株式を発行している比較的小規模な会社の経営権をめぐる親族間の紛争が多い[4]。特に小規模な株式会社では、株主総会とみられるような集会を開催することなしに、ただ、株主総会が開催され決議がされたとして、その旨の議事録を作成し、これに基づいて必要な登記をすることがしばしば行われる[5]。このような不備を突いて株主総会等の決議の不存在または無効の確認の訴え（会社法830条）が提起されることになる。

どのような事案が多いかというと、会社規模が小さい場合、実質的に1名の者によって会社が所有、経営されていたり、いわゆる同族会社であって株主間で特に互いに意思を確かめ合う必要もないことから株主総会が開催されなかったりすることがある。このような場合に、親族間で争いが生じたり、株主となっている従業員が反旗をひるがえしたりしたときに、この種の訴訟が提起されることが多く、事態の解決には紛争当事者が和解するか紛争の当事者の一方が会社組織から完全に離れるとともに、他の当事者との人間関係も断絶するしかないことになる[6]。このような紛争は、法律問題というよりも人間関係上の

---

[4] 岡本陽平「東京地裁における商事事件等の概況」商事法務2209号29～30頁。
[5] 元木伸『譲渡制限付株式の実務』（商事法務、1994年）41頁。
[6] 元木・前掲注5）44頁。

紛争について，相手を攻撃するための手段として会社法が利用されているだけなので，紛争の解決はより複雑で長期間を要することになる。

〔山越誠司〕

Q9−3 株式譲渡制限の相続に関する争い

非上場会社では定款に株式の譲渡制限を定めて，好ましくない者が株主にならないように工夫していると聞きますが，そのことに関連して生じるD&Oリスクにはどのようなものがあるのでしょうか。

A 株主の死亡により相続が発生した場合，会社は相続人に対して譲渡制限株式を会社に売り渡すことを請求できますが，その売買価格について争いが生じることがあります。

解説

非上場会社では，定款に規定することにより譲渡制限株式を利用していることが多い。ただし，定款による株式の譲渡制限は包括承継による株式の移転には及ばないので，相続による株式の移転は定款によっても制限できない[7]。

そこで，会社法は譲渡制限株式が相続される場合には，一定の条件の下で会社が相続人に対して，同意がなくても当該株式を取得できるように配慮している。具体的には，相続により譲渡制限株式を取得した者に対して，会社に売り渡すことを請求できる旨を定款で定めることにより，相続人から株式を取得することができることになっている（会社法174条）。

また，相続発生後であっても，会社が定款を変更して売渡請求制度を規定することもできることになっている[8]。そして，株式の売買価格については原則として会社と相続人との間の協議によって決定することになるが，協議が成立しない場合は，裁判所に価格決定の申請を行うことになる（会社法177条2項）。ここでしばしば，この株式の売買価格について争いが生じてしまうことが多い。

〔山越誠司〕

---

[7] 青竹正一『閉鎖会社紛争の新展開』（信山社，2001年）107頁。
[8] 東京地判平成18年12月19日資料版商事法務285号154頁。

第10章

D&O 保険の事故対応

Q10-1　保険事故が発生した場合の対応

保険事故が発生した場合，あるいは事故のおそれが存在する場合，どのように対応すべきでしょうか。

 すみやかに保険会社へ通知し，対応について助言を得ることが望ましいでしょう。

解説

事故のおそれも含めて，保険事故の発生を知った場合，まずは，保険代理店あるいは保険会社へ迅速に通知することが重要である。事案の概要として，誰がどのような理由で誰に請求してきているのか，詳細はわからなくても通知しておく必要がある。そして後日，詳細がわかり次第，追加説明することでも十分である。保険会社との信頼関係も維持できるし，保険会社から対応に関して適切な助言を得ることもできるので，事案の全貌がわからなくても，保険会社への通知はしておくべきである。

〔山越誠司〕

Q10−2 訴訟前・訴訟提起時(1)

株主や第三者から損害賠償請求通知や提訴請求がなされた場合，保険会社に通知を行う必要はあるのでしょうか。また，通知が必要だとした場合，いつまでに通知する必要があるのでしょうか。

保険会社に対しては，損害賠償請求通知や提訴請求がなされた事実を，遅滞なく書面にて通知を行う必要があります。

解説

通常，D&O保険の約款においては，保険期間中に損害賠償請求を受けた際，その旨を遅滞なく保険会社に書面にて通知することが保険金支払の要件とされている。

> ※保険法14条は「損害発生の通知」につき，「保険契約者又は被保険者は，保険事故による損害が生じたことを知ったときは，遅滞なく，保険者に対し，その旨の通知を発しなければならない」と定めている。

D&O保険における保険金請求事案は，他の保険における保険金請求事案に比べ，関係者の主張が多岐にわたるとともに食い違うことも多く，事案自体が非常に複雑となる傾向がある。保険会社は適切に保険金支払の可否を判断するため，D&O保険の保険金支払調査に際しては，関係者等への事実確認や資料収集をはじめとした各種調査および検討に相当程度の時間をかけることにより，正確に事実関係の把握を行う必要がある。このように，正確に事実関係を把握し，D&O保険金の支払要件や免責条項の適用可否等の検討を行うことになるため，保険会社への連絡が早期になされることにより，保険会社において保険金支払可否についての判断をより迅速に行うことが可能となる。また，早期連

絡により，契約者が損害賠償請求に対する法的責任の有無を検討するための弁護士への相談が未了であれば，保険会社から被保険者に対して，早い段階での弁護士相談を勧めることも可能になる。

　一方，保険会社に連絡を行うことなく，自らの判断で損害賠償責任を認めてしまった場合や損害賠償金や争訟費用の支払を行ってしまった場合には，事実関係によるものの，D&O 保険金を支払うことができない等の不利益が生じる可能性がある。

〈参考〉会社役員賠償責任保険（D&O）普通保険約款・特約集（Chubb 損害保険株式会社）

> 会社役員賠償責任保険担保拡充特約（06）
> 4.3　4.3（損害賠償請求および調査）の全文を削除し，次のとおり読み替えます。
> 　損害賠償請求および調査
> （i）「損害賠償請求」または「調査」に係るこの保険契約における「当会社」のてん補責任は，「損害賠償請求」または「調査」について，「会社」または「被保険者」が遅滞なく書面にて「当会社」に通知することを条件とします。

　また，早期の保険会社への連絡により D&O 保険の補償内容を再確認することができ，今後発生する可能性がある費用およびそれらに対する保険カバーの有無を明確にすることが可能となる。特に，D&O 保険においては，提訴請求に対応する費用補償が不担保とされていることがあり，その場合，提訴請求への対応費用の補償を受けるためには別途「提訴請求対応費用」を担保する特約への加入が必要であり，提訴請求を受けた時点で「提訴請求対応費用」を担保する特約への加入有無を明確にしておくことが重要となる。なお，「提訴請求対応費用」を担保する特約の適用を受けるには，保険会社に対して遅滞なく，保険事故発生事実を通知することが必要となる。

D&O保険では,「延長報告期間条項」が付帯されている場合がある。「延長報告期間条項」とは,D&O保険契約の保険期間満了後,契約が更新されなかった場合においても,保険期間終了後90日以内に損害賠償請求を受けた場合についても,D&O保険金の支払対象とする条項である（なお,条項の内容によっては,日数が90日と異なる場合もある）。

　仮に「延長報告期間条項」に延長報告期間が90日と定められていた場合,90日以内に損害賠償請求を受け「延長報告期間条項」が適用される際には,追加保険料の支払は不要である。

　しかし,延長報告期間を当初の90日を超えてさらに長期とする必要が生じた場合には,保険期間終了後一定期間内に保険会社に対して書面にて再延長を申し込むことにより再延長が認められることがあり,その場合には追加保険料の払い込みが必要となるため,注意が必要である。

　このような「延長報告期間条項」が付帯されている場合,特約内容により保険金支払の可否が異なってくるため,「延長報告期間」が何日なのか,何日以内に損害賠償請求を受けた旨の通知を保険会社に行う必要があるのか,追加保険料支払は必要か等,特約の内容を事前に確認しておくことが重要である。延長報告期間中に損害賠償請求を受けた場合についても,所定の通知や手続を行わなければD&O保険金の支払ができないことも考えられるため,遅滞なく確実に保険会社に通知することが重要である。

〈参考〉会社役員賠償責任保険（D&O）普通保険約款・特約集（Chubb損害保険株式会社）

会社役員賠償責任保険担保拡充特約（06）
　5．延長報告期間
　　この特約の適用に限り,普通約款5．延長報告期間の全文を削除し,次のとおり読み替えます。
　　（i）「保険証券」に記載される記名法人がこの保険契約を更新しない場合,追

加保険料の支払いを要さず,「保険期間」が終了した日から起算して「保険期間」終了後90日間,当該90日の期間中もしくは期間前に「被保険者」に対して最初に提起された「損害賠償請求」または最初に開始された「調査」について,この保険契約に基づくてん補を延長します。「保険期間」終了前に行われたか,行われたと主張された「不当な行為」のみに係わり提起された「損害賠償請求」または「保険期間」終了前に行われたか,行われたと主張された行為のみに係わり開始された「調査」に限ります。「保険証券」に記載される記名法人は,「保険証券」に記載される延長報告期間(i)に対する保険料の支払いを条件に,「保険期間」が終了した日から起算して「保険証券」の延長報告期間(i)欄に記載される期間,「延長報告期間」(上記で定める90日間は,当該「延長報告期間」の一部とします。)中もしくはその前に最初に提起された「損害賠償請求」または最初に開始された「調査」について,この保険契約に基づくてん補を延長することができます。「保険期間」終了前に行われたか,行われたと主張された「不当な行為」のみに係わり提起された「損害賠償請求」または「保険期間」終了前に行われたか,行われたと主張された行為のみに係わり開始された「調査」に限ります。

(ii) 「当会社」がこの保険契約の更新を拒絶した場合,追加保険料の支払いを要さず,「保険期間」が終了した日から起算して「保険期間」終了後90日間,当該90日の期間中もしくは期間前に「被保険者」に対して最初に提起された「損害賠償請求」または最初に開始された「調査」について,この保険契約に基づくてん補を延長します。「保険期間」終了前に行われたか,行われたと主張された「不当な行為」のみに係わり提起された「損害賠償請求」または「保険期間」終了前に行われたか,行われたと主張された行為のみに係わり開始された「調査」に限ります。「保険証券」に記載される記名法人は,「保険証券」に記載される延長報告期間(ii)に対する保険料の支払いを条件に,「保険期間」が終了した日から起算して「保険証券」の延長報告期間(ii)欄に記載される期間,「延長報告期間」(上記で定める90

日間は，当該「延長報告期間」の一部とします。）中もしくはその前に最初に提起された「損害賠償請求」または最初に開始された「調査」について，この保険契約に基づくてん補を延長することができます。「保険期間」終了前に行われたか，行われたと主張された「不当な行為」のみに係わり提起された「損害賠償請求」または「保険期間」終了前に行われたか，行われたと主張された行為のみに係わり開始された「調査」に限ります。

(iii) 「保険証券」に記載される記名法人が上記に定める「延長報告期間」を購入する権利を行使するには，「保険期間」の終了日からその日を含めて30日以内に，「当会社」に対して書面により申込み，かつ，(i)および(ii)で規定する保険料を払い込まなければなりません。「延長報告期間」のために支払われた追加保険料は，いかなる場合においても返還されません。

〔合田卓朗，早坂顕，藤本和也〕

Q10−3　訴訟前・訴訟提起時(2)

訴訟提起を受けた際，代理人弁護士の選任は保険会社が行うのでしょうか，また，自社で弁護士を選任する際に保険会社の承認は必要となるのでしょうか（保険会社は選任を拒否できるのでしょうか）。また，弁護士と委任契約を締結する際，委任契約の内容につき保険会社の承認は必要となるのでしょうか。

A 代理人弁護士の選任は被保険者自身が行うため，保険会社の承認までは不要です。しかし，弁護士費用の金額を含め，委任契約の内容について保険会社の同意は必要です。

解説

　被保険者が適切と判断する弁護士を代理人として選任することは自由であり，弁護士を代理人として選任する場合，手続は被保険者自身が行うことになる。その際，保険会社の承認は不要である。もっとも，被保険者が負担した弁護士費用について保険金が支払われるためには，事前に保険会社の書面による同意が必要であり，委任契約の内容によっては報酬額全額についての保険金支払を受けることができないケースもあり得る。

　そこで，被保険者自身で代理人弁護士を選任する場合には，保険会社に対して早期に代理人となる弁護士選任を通知し，委任契約の内容につき報告を行っておくことが望ましい。被保険者が負担する弁護士費用はD&O保険金の支払対象となることがあるが，弁護士費用として支払われる保険金は，事前に保険会社の同意を得て負担された範囲内となる。保険会社としては，被保険者が選任した弁護士に対する報酬が過度に高額であると思われる場合には，同意の可否を判断するに際して慎重な検討が必要となる場合も生じ得る。このような事態の発生を未然に可能な限り防止する観点から，被保険者が選任した弁護士との委任契約の内容については，早期に保険会社に報告を行い，弁護士費用に関

する保険金支払についての保険会社の考え方を確認しておくことが重要である。保険会社は，合理的であると判断した範囲で弁護士費用に関して保険金を支払うが，このようにすることで，保険会社による検討時間を短縮することが可能となり，スムーズな保険金支払につながることになる。

　なお，D&O保険の支払対象となる株主代表訴訟や第三者訴訟等は複雑かつ高度な専門性の高い訴訟とされており，これらの訴訟への対応については，専門的知見のある弁護士を代理人として選任することが重要である。また，これらの訴訟については，複数の利害関係者が関与することになるため，選任した専門的知見を有する弁護士が利益相反となるため被保険者の代理人になることができない場合があり得る。さらに，複数の役員が同時に訴えられた場合には相互に利害関係が対立することもあり得るため，利益相反の観点から，役員それぞれに異なる弁護士を代理人として選任しなければならず，専門的知見を有する弁護士を十分に確保できない場合も想定される。

　このような場合も含めて，可能な限り早期に，弁護士の選任状況を保険会社に連絡しておくことが，スムーズな保険金支払にとって重要であろう。

〈参考〉会社役員賠償責任保険（D&O）普通保険約款・特約集（Chubb損害保険株式会社）

会社役員賠償責任保険担保拡充特約（06）
2.5　「防御費用」とは，「損害賠償請求」を防御または上訴するために必要な，事前に「当会社」の書面による同意（不当にその同意を留保するものではありません。）を得て「被保険者」が負担した妥当な争訟費用，裁判費用およびその他の費用（上訴供託金を含みますが，その供託を申し込むまたは提供する義務を負うものではありません。また，「会社」の「役員」の報酬または従業員の給与もしくは賞与等は含みません。）をいいます。

7.9　緊急防御費用および緊急調査対応費用拡張担保
　　「被保険者」が「防御費用」，「調査対応費用」，「保釈保証費用」または「危

> 機広報費用」の負担について，事前に「当会社」の同意を得ることができない場合において，当該費用を最初に支払った日から起算して14日以内に「当会社」の同意を求めた場合に限り，「当会社」は遡及的に同意します。この拡張担保によるすべての支払いについてのサブ・リミットは，「保険証券」に記載されるてん補限度額の10％，または適用のあるサブ・リミットの10％を限度とします。

〔合田卓朗，早坂顕，藤本和也〕

Q10-4 訴訟前・訴訟提起時(3)

弁護士に支払う着手金や報酬金は、委任契約において定められた金額どおりの額で保険金が支払われるのでしょうか。弁護士費用が高額過ぎるため保険金が支払われないということはあるのでしょうか。

 保険会社が妥当かつ必要と認定した弁護士報酬が支払の対象になることに注意が必要です。

解説

保険会社は、事案の難易、請求額、認容された額、その他諸般の事情を踏まえ、着手金額や報酬金額につき保険金を支払うことが相当と認められるか否かを検証し、支払につき同意するかを検討する。弁護士費用の額が妥当な範囲を超えると判断された場合には全額の支払ができない場合もあり得る。

また、会社と役員の両者が被告となった訴訟において、同じ弁護士が会社と役員双方の代理人となった場合、D&O 保険の争訟費用保険金の対象である役員分のみを区別して支払う必要があるにもかかわらず訴訟の初期段階から区別を行ってこなかったため役員分の額が不明となり、委任契約どおりの保険金支払が困難となることもある。

さらには、複数の役員が同じ代理人を選任していたところ、一部の役員につき免責が適用された場合には、免責が適用された役員が負担すべき弁護士費用については保険金が支払われない場合があるので注意が必要である（免責事由としては、故意による法令違反や、私的に利益を得ていたことなどが挙げられる）。この場合も、委任契約において定められたとおりの金額について保険金は支払われない。

賠償請求された事由の一部が免責に該当する場合、請求額に対して一部認定払いとなることもあるほか、裁判所その他公的裁定機関による確定判決または確定裁定において認定された場合には、支払対象外となる免責規定（以下）等

があり，事前にどのような場合に支払が可能かについても確認する必要がある。

(i) 「被保険者」の故意による犯罪行為，背信行為もしくは詐欺行為（不作為を含みます。）または故意による法令違反
(ii) 「被保険者」が法的な権利なく得た私的利益または便宜供与

〈参考〉会社役員賠償責任保険（D&O）普通保険約款・特約集（Chubb損害保険株式会社）

会社役員賠償責任保険担保拡充特約（06）
2.5 「防御費用」とは，「損害賠償請求」を防御または上訴するために必要な，事前に「当会社」の書面による同意（不当にその同意を留保するものではありません。）を得て「被保険者」が負担した妥当な争訟費用，裁判費用およびその他の費用（上訴供託金を含みますが，その供託を申し込むまたは提供する義務を負うものではありません。また，「会社」の「役員」の報酬または従業員の給与もしくは賞与等は含みません。）をいいます。

〔合田卓朗，早坂顕，藤本和也〕

Q10−5　訴訟前・訴訟提起時(4)

弁護士費用はいつまでに受け取ることができるのでしょうか。

原則は，弁護士費用を実際に負担した後の受け取りとなりますが，一定の要件を満たした場合には，事前に受け取ることが可能です。

解説

①事前に保険会社の同意を得て弁護士費用を負担したこと，②事後的に保険金の支払対象外であることが判明した場合には保険金を返還することの2つを条件として，損害賠償請求の判決金額または和解金を最終的に支払う前に，防御費用または調査対応費用を受け取ることは可能である。

実務上，弁護士選任時点で委任内容を保険会社に連絡しておけば，保険金支払のタイミングについて確認を行うことが可能となる。保険会社が示したタイミングでの支払が可能となるので，早期に委任契約の内容を保険会社に連絡することが重要である。

〈参考〉会社役員賠償責任保険（D&O）普通保険約款・特約集（Chubb損害保険株式会社）

会社役員賠償責任保険普通保険約款
4.4　防御費用の前払い，保険金の配分および裁定
（i）次の各号に掲げるすべての規定に従うことを条件として，「当会社」は，「損害賠償請求」の判決金額または和解金を最終的に支払う前に先立って，「防御費用」または「調査対応費用」を「被保険者」（または「会社」が適用される場合には「会社」）に対し都度支払うものとします。
　（a）事前に「当会社」の書面による同意を得て負担した「防御費用」または「調査対応費用」である。
　（b）「当会社」がてん補した前払金は，「被保険者」がこの保険契約に基づい

てその「損害」の全部またはその「損害」の一部のてん補が受けられない場合においては，「当会社」へ返還するものとします。この場合において，「保険証券」に記載されるてん補限度額は，「当会社」に前払金が返還されるまでその金額を減額するものとします。

(ⅱ) 「当会社」は，「会社」の倒産を唯一の理由として，「会社」が前払いまたは補償することができない場合においては，「防御費用」を「被保険者」に対して，前払いするものとします。

〔合田卓朗，早坂顕，藤本和也〕

Q10−6 訴訟前・訴訟提起時(5)

新たに親会社から来た監査役が責任追及訴訟を提起してきましたが、D&O保険ではどのように取り扱われるのでしょうか。

A 会社自らが取締役に責任追及を行う場合、被保険者である取締役の防御費用以外については支払対象外となりますが、会社訴訟担保特約があれば補償対象になる可能性もあるため確認が必要です。

解説

会社自らが取締役に責任追及する場合、防御費用以外については支払対象外となる。これらは会社訴訟担保特約が付保されていれば補償対象になる可能性があるため、担保される条件については補償内容の確認を事前に行う必要がある。これらは、普通保険約款および自動付帯される特約部分とは異なるリスクであり、上乗せして保険料が設定される必要がある項目となる。

このような責任追及訴訟においても、適切な防御活動が必要になる。特に、会社が取締役に責任追及をする場合、会社が取締役に対してこの種の訴訟に専門性を有する弁護士を紹介することは考えにくく、また、利益相反の観点から被告となった取締役が会社と関係のある弁護士を選任することができない場合もある。取締役が適切な弁護士をただちに選任することができない状況となることもあり得るが、このような場合についても、早期に状況を保険会社に連絡しておくことが望ましい。

〔合田卓朗, 早坂顕, 藤本和也〕

Q10-7 訴訟中(1)

訴訟中に，専門家による鑑定や意見書作成を依頼する必要が生じました。専門家の鑑定費用や意見書作成手数料は，保険金支払の対象となるのでしょうか。

 損害賠償請求に関連しており，保険会社の同意が得られた費用については，防御費用の一環として支払対象となります。

解説

専門家への鑑定費用や意見書作成手数料は損害賠償請求に関連しており，保険会社の同意が得られた費用については，防御費用の一環として支払対象となる。

専門家への鑑定費用や意見書作成手数料の発生が予想される場合にも，事前に保険会社に相談しておくことが，円滑な保険金支払につながると思われる。

〔合田卓朗，早坂顕，藤本和也〕

Q10−8 訴訟中(2)

訴訟が長期化したという理由で弁護士から中間の報酬等を請求されたのですが，D&O保険金から支払われるのでしょうか。

保険会社の同意があれば支払可能です。

解説

　保険会社は不当に同意を拒絶することはできないが，報酬額や防御活動の妥当性について確認を行った上で同意の可否判断を行うことになる。

　弁護士との委任契約締結の段階で，委任契約書のドラフトを保険会社に提示するなど，委任契約の内容を保険会社と共有した上で，中間段階での報酬支払の可能性や報酬算定根拠・額等につき保険会社と協議しておくことにより，中間段階での報酬の支払が円滑となる場合がある。

〔合田卓朗，早坂顕，藤本和也〕

Q10-9 和解(1)

訴訟上または訴訟外の和解を行う場合，D&O保険金は支払われるでしょうか。D&O保険金が支払われるとした場合，保険金の支払を受けるためには，どのような手順を踏む必要があるのでしょうか。

A 訴訟上または訴訟外の和解を行う場合，和解前，事前に保険会社の同意が必要です。そのため，事前に和解条項を裁判所に書面化してもらい，保険会社に提出し，保険会社の同意を和解前に得る必要があります。

解説

まず，保険金が支払われるためには，和解前，事前に保険会社の同意を得なければならない。約款上，保険会社は，損害賠償請求についての防御や和解につき被保険者と協議する権利があるため，和解を行おうとする前には，必ず保険会社に連絡の上，保険会社と協議を行い，保険会社の同意を得る必要がある。

和解を行うことが不適切ではなく，和解金額が被保険者の法律上の損害賠償責任等を踏まえて妥当と考えられる場合には，その額が保険金支払対象となる。

〈参考〉会社役員賠償責任保険（D&O）普通保険約款・特約集（Chubb損害保険株式会社）

会社役員賠償責任保険担保拡充特約（06）
4.3　4.3（損害賠償請求および調査）の全文を削除し，次のとおり読み替えます。
損害賠償請求および調査
　(iii)　「会社」および「被保険者」は，「当会社」の権利を妨げるいかなる行為もしてはなりません。また，「被保険者」は，「当会社」の事前の書面による同意なしに「損害賠償請求」を認め，もしくは和解し，または「防御費用」も

しくは「調査対応費用」を負担することをしてはなりません。「当会社」は，不当にその同意を留保するものではありません。

「当会社」は，この保険契約が適用される「損害賠償請求」についての防御もしくは和解または「調査対応費用」の発生について参加し，「被保険者」が望む解決案に関して「被保険者」と協議する機会を与えられるべき権利を有するものとします。その義務を負うものではありません。

　和解の同意を求められた保険会社は，和解金額を含む和解内容につき妥当性を検証することになる。

　和解により紛争を解決する可能性が少しでもある場合には，訴訟開始から随時，訴訟進行状況や防御内容を保険会社に報告し，訴訟の対応方針について保険会社を交えて検討を行っておくことが重要である。これにより，保険会社は和解についての同意の可否を円滑かつ適切に判断することが可能となる。十分な情報連携がなされない場合，保険会社は和解の妥当性をただちに判断することができず，和解金相当額の保険金支払につき検討に時間を要することもあり得ることから，注意が必要である。

　また，和解成立直前の段階では，保険会社には和解条項を正確に伝達して保険会社内で承認手続を行ってもらう必要がある。そのため，裁判所から和解条項案を書面化してもらい，これを保険会社に交付して保険会社の同意を得ることが必要である。

　なお，保険金は，原則として和解が成立し和解金が支払われた後の支払となる（会社がいったん先に和解金全額を支払った後に保険会社に保険金請求をする場合），保険会社が同意する場合には，和解金の支払時期に保険金を支払うことも可能である。そのような取扱いを希望する場合，和解条項で定められる和解金支払期日より前に保険会社の同意を得る必要があることから，事前に十分な時間的な猶予をもって保険会社に連絡しておく必要がある。

〈参考〉会社役員賠償責任保険（D&O）普通保険約款・特約集（Chubb 損害保険株式会社）

保険法対応特約（D&O）

12　損害賠償保険金の請求

12.1　「当会社」に対する保険金の請求権は，普通約款または特約に別段の定めがある場合を除き，「被保険者」が損害賠償請求権者に対して負担する法律上の損害賠償責任の額について，「被保険者」と損害賠償請求権者との間で，判決が確定した時，または裁判上の和解，調停もしくは書面による合意が成立した時から発生し，これを行使することができるものとします。

13　保険金の支払時期

13.1　「当会社」は，「被保険者」が12．保険金の請求12.2の手続を完了した日（以下この条において「請求完了日」といいます。）からその日を含めて30日以内に，「当会社」が保険金を支払うために必要な次の事項の確認を終え，保険金を支払います。

(a)　保険金の支払事由発生の有無の確認に必要な事項として，「損害賠償請求」または「調査」がなされた状況，「損害」発生の有無および「被保険者」に該当する事実

(b)　保険金が支払われない事由の有無の確認に必要な事項として，保険金が支払われない事由としてこの保険契約において定める事由に該当する事実の有無

(c)　保険金を算出するための確認に必要な事項として，「損害」の額および「不当な行為」または「調査」の対象となる行為と「損害」との関係

(d)　保険契約の効力の有無の確認に必要な事項として，この保険契約において定める解除，無効，失効または取消しの事由に該当する事実の有無

(e)　(a)から(d)までのほか，他の保険契約等の有無および内容，「損害」について「被保険者」が有する損害賠償請求権その他の債権および既に取得したものの有無および内容等，「当会社」が支払うべき保険金の額を確定するため

に確認が必要な事項

13.2 13.1の確認をするため，次に掲げる特別な照会または調査が不可欠な場合には，13.1の規定にかかわらず，「当会社」は，請求完了日からその日を含めて次に掲げる日数（複数に該当する場合は，そのうち最長の日数）を経過する日までに，保険金を支払います。この場合において，「当会社」は，確認が必要な事項およびその確認を終えるべき時期を「被保険者」に対して通知するものとします。

(a) 13.1(a)から(d)までの事項を確認するための，警察，検察，消防その他の公の機関による捜査・調査結果の照会（弁護士法（昭和24年法律第205号）に基づく照会その他法令に基づく照会を含みます。） 180日

(b) 13.1(a)から(d)までの事項を確認するための，専門機関による鑑定等の結果の照会 90日

(c) 災害救助法（昭和22年法律第118号）が適用された災害の被災地域における13.1(a)から(e)までの事項の確認のための調査 60日

(d) 13.1(a)から(e)までの事項の確認を日本国内において行うための代替的な手段がない場合の日本国外における調査 180日

(e) 「損害」発生事由が，過去の判例に照らして特殊な「損害賠償請求」である場合，高度な専門技術を要する業務に起因する「損害賠償請求」である場合，「損害」が広範囲にわたり同一事由の請求による損害賠償請求権者が多数存在する場合等，「損害賠償請求」の原因となる事由の形態が特殊である場合において，13.1(a)から(e)までの事項を確認するための，専門機関による鑑定等の結果の照会 180日

13.3 13.1および13.2に掲げる必要な事項の確認に際し，「保険証券」に記載される記名法人または「被保険者」が正当な理由なくその確認を妨げ，またはこれに応じなかった場合（必要な協力を行わなかった場合を含みます。）には，これにより確認が遅延した期間については，13.1または13.2の期間に算入しないものとします。

〔合田卓朗，早坂顕，藤本和也〕

Q10-10 和解(2)

D&O保険金が円滑に支払われるためには，和解条項をどのように工夫すればよいでしょうか。

A 和解に際しては，秘密保持条項の内容に留意する必要があります。また，和解条項において，不用意に被告役員の過失に言及しないよう注意が必要です。

解説

和解に際しては秘密保持が条件とされることも多く，和解における秘密保持条項の内容によっては，保険会社に対して和解内容を開示することが，和解における秘密保持義務違反に該当する可能性もあり得る。

そこで，秘密保持条項を設ける際には，保険会社に対して和解内容の開示が可能となるよう，秘密保持条項の内容を工夫することが重要となる。保険会社が和解内容を知ることができない場合，事前に同意したとおりの和解に至ったかどうかを保険会社が知ることができず，支払ができない可能性も生じるからである。

また，D&O保険は，役員が賠償責任を負うときに保険金を支払う商品であることから，役員が無過失で損害賠償義務を負わない場合は，保険金を支払うことができないことになる。したがって，和解条項において過失に関する文言を記載する場合，慎重な検討が必要である。

こうした場合，商事専門部の裁判官であれば，和解条項の作成に慣れていることから，保険会社の和解に対する同意について適切な和解条項案を文書で作成してくれる可能性があるので，裁判官には，保険の加入と保険金による支払の予定を説明することが重要である。

〔合田卓朗，早坂顕，藤本和也〕

Q10-11 敗訴判決時

D&O保険金の支払を受けるためには、敗訴判決につき上訴を行う必要はあるのでしょうか。

A 敗訴判決につき上訴が可能であったにもかかわらず、保険会社に連絡を行うことなく上訴期間を経過してしまった場合、保険金が支払われないことがあるため、保険会社への迅速な連絡が必須です。

解説

敗訴判決が下された後、上訴が可能であったにもかかわらず、保険会社に対して判決内容について連絡を行わず上訴期間の経過により判決が確定してしまった場合、D&O保険金が支払われない場合があるため注意が必要である。

上訴をしない限りD&O保険金の支払が受けられないわけではないが、敗訴理由やこれまでの防御活動、上訴における勝訴可能性等を含めて保険金支払の可否が判断されることになる。保険金支払を前提とした馴れ合い訴訟により保険金が不当に支払われることを防ぐ趣旨からである。

〈参考〉会社役員賠償責任保険（D&O）普通保険約款・特約集（Chubb損害保険株式会社）

会社役員賠償責任保険担保拡充特約（06）
4.3 4.3（損害賠償請求および調査）の全文を削除し、次のとおり読み替えます。
損害賠償請求および調査
(iii)「会社」および「被保険者」は、「当会社」の権利を妨げるいかなる行為もしてはなりません。また、「被保険者」は、「当会社」の事前の書面による同意なしに「損害賠償請求」を認め、もしくは和解し、または「防御費用」もしくは「調査対応費用」を負担することをしてはなりません。「当会社」は、

不当にその同意を留保するものではありません。

「当会社」は，この保険契約が適用される「損害賠償請求」についての防御もしくは和解または「調査対応費用」の発生について参加し，「被保険者」が望む解決案に関して「被保険者」と協議する機会を与えられるべき権利を有するものとします。その義務を負うものではありません。

(iv) 「当会社」と「被保険者」または「会社」（必要に応じて）との間に，「損害賠償請求」に対する和解案に合意すべきか，または防御を継続すべきかに関して争いが生じた場合は，「当会社」は，その問題を解決するために主任弁護士（両当事者間で合意された弁護士をいいます。以下同様とします。）に意見書を求めることができるものとします。その決定は，「当会社」と「被保険者」または「会社」（必要に応じて）を拘束するものであり，当事者は和解案または訴訟の継続の可否に関連し，意見書に従い行動するものとします。当該意見書を入手するのに要する費用は「当会社」が負担するものとします。

〔合田卓朗，早坂顕，藤本和也〕

Q10-12 判決確定時(1)

判決が確定した場合，いつまでに保険会社に結果を伝える必要があるのでしょうか。

判決確定後，遅滞なく保険会社に結果を伝える必要があります。

解説

　保険約款において，判決確定後に保険金請求手続を行うこととされている場合については，保険金請求手続完了から原則として30日以内に保険金を支払うことになる。したがって，判決確定の連絡が遅れた場合，その分だけ保険金請求手続が遅れることになるため，保険金の支払が遅れてしまうこととなる。

　判決確定時から保険金請求手続が可能となるが，そこから3年が経過した場合，保険金請求権の消滅時効期間が経過したことになる。したがって，判決確定時から3年経過後の保険金請求については，保険会社が消滅時効を援用した場合には保険金が支払われないことになるため，注意が必要である。

　以上を踏まえ，まず損害賠償請求や提訴通知がなされた段階で遅滞なく保険会社に報告し，その後は，判決に至るまでの状況について適宜保険会社に報告を行い，判決が確定した時点ですみやかに保険会社に連絡，保険金請求を行うことが重要である。

〈参考〉会社役員賠償責任保険（D&O）普通保険約款・特約集（Chubb損害保険株式会社）

保険法対応特約（D&O）

12　損害賠償保険金の請求

12.1　「当会社」に対する保険金の請求権は，普通約款または特約に別段の定めがある場合を除き，「被保険者」が損害賠償請求権者に対して負担する法律上

の損害賠償責任の額について,「被保険者」と損害賠償請求権者との間で,判決が確定した時,または裁判上の和解,調停もしくは書面による合意が成立した時から発生し,これを行使することができるものとします。

13.1 「当会社」は,「被保険者」が12. 保険金の請求12.2の手続を完了した日(以下この条において「請求完了日」といいます。)からその日を含めて30日以内に,「当会社」が保険金を支払うために必要な次の事項の確認を終え,保険金を支払います。
 (a) 保険金の支払事由発生の有無の確認に必要な事項として,「損害賠償請求」または「調査」がなされた状況,「損害」発生の有無および「被保険者」に該当する事実
 (b) 保険金が支払われない事由の有無の確認に必要な事項として,保険金が支払われない事由としてこの保険契約において定める事由に該当する事実の有無
 (c) 保険金を算出するための確認に必要な事項として,「損害」の額および「不当な行為」または「調査」の対象となる行為と「損害」との関係
 (d) 保険契約の効力の有無の確認に必要な事項として,この保険契約において定める解除,無効,失効または取消しの事由に該当する事実の有無
 (e) (a)から(d)までのほか,他の保険契約等の有無および内容,「損害」について「被保険者」が有する損害賠償請求権その他の債権および既に取得したものの有無および内容等,「当会社」が支払うべき保険金の額を確定するために確認が必要な事項

17 時効
　保険金請求権は,12保険金の請求12.1に定める時の翌日から起算して3年を経過した場合は,時効によって消滅します。

〔合田卓朗,早坂顕,藤本和也〕

Q10−13 判決確定時(2)

判決が確定した場合,判決で支払が命じられた遅延損害金もD&O保険金で支払われますか。

遅延損害金は,保険契約で設定された塡補限度額を上限に補償される。

解説

遅延損害金は支払対象になり得るが,保険契約で設定された塡補限度額を超えた場合には保険金を支払うことができないことから,注意が必要である。

〔合田卓朗,早坂顕,藤本和也〕

第11章

D&O 保険の保険金請求

Q11-1 保険金請求に必要な資料

保険金請求に際して、会社や役員はどのような資料の提出を準備する必要があるのでしょうか。

A まずは、保険金の請求書、損害見積書などが想定されますが、保険金支払のために参考になる証拠書類、報告書、意見書等、各事案によって求められる資料は変わってきます。

解説

D&O 保険約款には、保険金の請求時に必要な書類について規定されている。通常、①保険金の請求書、②損害見積書（損害額がわかる資料）、および③その他保険会社が要求する資料の提出が定められている。

③のその他保険会社が要求する資料としては、事案により異なる場合があるものの、主要なものとしては以下が考えられる。

- 訴訟において提出された書面・証拠※
- 代理人弁護士が作成した,裁判期日の報告書
- 株主からの提訴請求書
- 提訴請求を受けて会社監査役等が行った調査の報告書
- (会社が提訴しなかった場合には) 不提訴理由通知書
- 調査委員会が設置されている場合には,その調査報告書
- 会社や役員が依頼した専門家による意見
- 事案に関連する資料(取締役会議事録,事案に関係する取引の資料等)

※D&O保険金請求に際しては,事案内容の複雑さや交渉・訴訟等の長期化等により関係資料が膨大な量になる可能性がある。特に,訴訟事案の場合は訴訟の全記録を資料として提出する必要がある。また,会社内で調査委員会や第三者委員会が設置されている場合,それらの調査報告書や関連資料,取締役会や経営会議における会議資料等の提出が必要となる場合もある。

※現在訴訟係属中の事案に係る資料に限らず,過去の保険契約者やその他関係組織もしくは被保険者に関する訴訟(D&O保険の対象となる訴訟に限らず,その他の訴訟についても含まれることがある)に係る資料の提出が必要となる場合がある。

初年度保険開始日前に開始されたもの(→保険約款上の遡及日であり,保険期間開始以前にすでに発生・発覚していた事案も含まれる。当該遡及日以前の事案は対象外である。保険契約が継続契約である場合,その最初に保険引受を行った時点を設定し,その後継続していくことが通常である)に起因し,もしくは関連する損害賠償請求等において主張されたものと同一の事実もしくは状況につき主張を行い,もしくは,これらの事実等から派生する損害賠償請求事案については免責としているため,内容を確認する必要がある。

〈参考〉会社役員賠償責任保険（D&O）普通保険約款・特約集（Chubb 損害保険株式会社）

会社役員賠償責任保険担保拡充特約（06）
3．てん補しない損害
　この特約の適用に限り，普通約款3．てん補しない損害の全文を削除し，次のとおり読み替えます。
3.2　現在係属中もしくは過去の，「会社」，「社外組織」もしくは「被保険者」に対する訴訟その他の手続き（民事上，刑事上もしくは行政上の手続きまたは公的機関の調査を含みます。）であって，「保険証券」に記載される初年度保険開始日前に開始されたものに起因し，もしくは関連する「損害賠償請求」もしくは「調査」，または当該訴訟その他の手続きにおいて主張されたのと同一の事実もしくは状況を主張し，もしくはこれらの事実もしくは状況から派生する「損害賠償請求」もしくは「調査」
3.3　「保険期間」の開始日以前に存在した保険契約において通知済の「損害賠償請求」，損害賠償請求のおそれ，または「調査」において主張された「不当な行為」または一連の関連する複数の「不当な行為に起因し，または関連する「損害賠償請求」または「調査」

4.3　4.3（損害賠償請求および調査）の全文を削除し，次のとおり読み替えます。
　損害賠償請求および調査
　(ii)　この保険契約に基づくすべての通知には，次に掲げる情報を含むものとします。この情報に限定するものではありません。
　　(a)　「不当な行為」に関する詳細な内容
　　(b)　関与するすべての当事者に関する詳細な内容
　　(c)　書面による請求の写しまたは書面による「調査」通知の写し

保険法対応特約（D&O）
12．損害賠償保険金の請求

12.2 「被保険者」が保険金の支払を請求する場合は，保険証券に添えて次の書類または証拠のうち，「当会社」が求めるものを「当会社」に提出しなければなりません。
　(a) 保険金の請求書
　(b) 損害見積書
　(c) その他「当会社」が13. 保険金の支払時期13.1に定める必要な事項の確認を行うために欠くことのできない書類または証拠として保険契約締結の際に「当会社」が交付する書面等において定めたもの

〔合田卓朗，早坂顕，藤本和也〕

Q11−2　保険金請求の流れ

実際の保険金請求から保険金受領までの流れはどのようになりますか。

A 事案によって保険金支払までの流れは様々ですが，まず，保険会社への事故通知をし，保険金請求のための各種資料を提出します。そして，不足や不備がある場合，資料の再提出や追加提出を行い，保険会社により有・無責や損害額等が確認されます。

解説

D&O保険においては，損害賠償請求を受けた時は会社または被保険者は遅滞なく保険会社に通知が必要となる。なお，通知時には，その関係資料の提出が必要である。

保険会社は約款上の支払条項に合致し，免責条項に抵触しないか否かを確認することになる。その上で，賠償請求内容に関して妥当な保険金額の確認を進めることになる。

〔合田卓朗，早坂顕，藤本和也〕

Q11-3 弁護士報酬に関する保険金請求

弁護士に支払う報酬は保険金支払に含まれますが、報酬額はどのように評価されるのでしょうか。

被保険者と弁護士の間の委任契約に基づき、実際の報酬額の妥当性が検証されます。

解説

弁護士報酬については、弁護士との委任契約を前提とし、実際の報酬額を検討することになるが、その際、①事案の難易度、②請求金額の妥当性、③容認された金額の妥当性、④その他個別の事案における要素等を検証し、保険金支払を行う。

被保険者自身が選任した弁護士との間の委任契約内容によっては、全額の支払が難しい場合もあり得る。また、保険金の支払が行われる場合においても、別事件の費用や報酬が含まれている場合、その部分については保険金の支払対象から除外される。

弁護士報酬に関しては、被保険者と弁護士との委任契約の内容を踏まえ、事案の難易、実際の請求額、訴訟において認容された額、その他諸般の事情を踏まえた判断の結果、相当と認められる範囲の額が保険金として支払われることになる。

また、委任契約の内容が保険会社の想定と異なる場合、状況によっては相当と認められる範囲を超えた報酬に該当するとして、報酬額全額の支払が困難となる場合もあり得る。とりわけ、委任した弁護士との委任契約内容を保険会社に事後報告した場合は、弁護士報酬につき保険金請求を行う際にトラブルが発生しやすいことから、可能な限り早期に保険会社の担当者に委任契約の内容を伝え、どの範囲で弁護士報酬が保険金として支払われるのかにつき確認を行っておくことがトラブル防止の観点から望ましい。

なお，弁護士報酬に，保険金の支払対象となる事件と関係しない事件についての報酬が含まれているような場合には，その部分については保険金の支払対象から除外される。

〔合田卓朗，早坂顕，藤本和也〕

Q11-4 提訴請求が届いた場合

提訴請求が届いた場合のような有事の時，その後の保険契約はどうなりますか。

提訴請求が届いたというだけでは，その後の保険契約に大きく影響は出ませんが，保険契約更新時には複雑な条件交渉が想定されます。

解説

保険会社は個別具体的なリスクに応じて引受可否を判断しており，提訴請求がなされた場合であっても，保険契約を継続できるのか否か，どのような条件の下で保険契約の継続が可能とすることができるのか，継続の際には保険料の増額が必要か否か等の引受可否や引受条件については各保険会社の判断となる。したがって，提訴請求が届いた事実のみをもってして継続拒否や一律的な保険料の引上げは行われないのが通例である。

〔合田卓朗，早坂顕，藤本和也〕

Q11−5 「事故のおそれ」の通知

株主から提訴請求が届き，社内の不祥事が明確になりました。ただ，訴訟提起がされないまま保険期間が満了し，保険会社からは更新しないと言われています。保険期間満了後に訴訟が提起された場合，保険金は支払われるのでしょうか。

A 保険会社に事故のおそれとして通知していれば，補償の対象となり得ます。よって，訴訟が提起されていなくても，事故のおそれの段階で保険会社に通知することは保険金請求の手続で非常に重要になります。

解説

保険期間中または延長報告期間（延長報告期間特約が適用される場合）中に，会社または被保険者において損害賠償請求が提起されるおそれのある状況を知った場合で，かつ，保険会社にその旨を通知した場合においては，保険金の支払対象となる場合がある。

通常，D&O保険における事故日は，被保険者の役員が損害賠償請求を受けた日とされているため，保険期間や延長報告期間を徒過した後に訴訟提起された場合は補償対象外となる。しかし，上記のような場合，保険期間中または延長報告期間（延長報告期間特約が適用される場合）中に提起されたものとみなすことができるので補償対象となり得る。

〔合田卓朗，早坂顕，藤本和也〕

Q11-6 保険金支払後の保険継続

株主代表訴訟による和解金と弁護士費用につき高額のD&O保険金支払を受けた場合，D&O保険契約の継続は可能か，また，保険料は大幅に値上げされるのでしょうか。

保険契約者ごとの事情によって異なるため，保険会社と相談が必要となります。

解説

保険会社は個別具体的なリスクに応じて引受可否を判断しており，どのような条件の下で保険契約の継続が可能とすることができるのか，継続の際には保険料の増額が必要か否か（D&O保険における保険料の算定は契約条件による要素を加味して個別判断した結果となる）等の引受可否や引受条件については各保険会社の判断となる。

したがって，高額のD&O保険金支払を受けた事実のみにより継続謝絶や一律の保険料引上げがなされるわけではないが，場合によっては継続謝絶や保険料変更もあり得る。

〔合田卓朗，早坂顕，藤本和也〕

Q11-7 子会社のための事故対応ガイドライン

D&O保険のグローバル保険プログラムを採用していますが、国内外の子会社で保険事故が発生した場合を想定し、事前に事故対応ガイドラインを作成しておくことは必要ですか。

A 子会社で保険事故が発生した場合に、どのような対応が必要になるのか理解できるように、事故対応ガイドラインを作成して子会社に案内しておくことが望ましいでしょう。

解説

実際に保険事故が発生した場合に、迅速に初期対応できるよう事故対応ガイドラインを作成しておくことは望ましい。たとえば、以下のような事故対応ガイドラインを国内外の子会社に配布しておくことが考えられる。

D&O CLAIMS HANDLING GUIDELINES

If you are aware of a claim or of a circumstance which could give rise to a claim, you should notify ABC, Risk Management Department (RM), XYZ Insurance Brokers (XYZ), our insurance broker, and your appointed broker immediately.

All claims and circumstances must be immediately reported to RM, XYZ and your appointed broker.

(1) Who to notify

All notifications should be made, in writing (E-mail available), directly to RM, XYZ and your appointed broker's contact.

(2) When to notify

After you first become aware of a claim or of a circumstance which could give rise to a claim, notifications should be made immediately irrespective of:

- The amount which may be involved.
- Your views or opinions on liability under the policy.

(3) What to notify

Please ensure the following information, at least, is provided to Insurers.

- Brief details of the nature of the claim or circumstances, including name(s) of actual or potential claimant(s).
- Date of your first awareness of a claim or circumstance which might give rise to a claim.
- Copies of any correspondence or document in which a claim is made or allegations are implied or expressed against D&Os.

(4) Your action in the event of a claim or circumstance which may give rise to a claim

- Do not admit liability.
- Do not settle or make or promise any payment.
- Do not disclose you have made or are intending to make a notification under your policy.

D&O 事故ガイドライン

もし損害賠償請求や将来損害賠償請求に発展しそうな事案に気づいた場合は、ABC リスクマネジメント部（以下「RM」）、そして当社保険仲介者の XYZ 保険ブローカー（以下「XYZ」）、あるいは指定された保険仲介者へすみやかに事故通知をしてください。

すべての損害賠償請求と事故のおそれは迅速に RM と XYZ、あるいは指定された

保険仲介者に事故通知する必要があります。

(1) 誰に対してなされるべきか
　すべての通知は，文書で（電子メール可）RMとXYZあるいは指定された保険仲介者に行ってください。

(2) いつなされるべきか
　以下の事柄に関係なく，損害賠償請求あるいは事故のおそれに気づいた後，すぐに事故通知を行ってください。
- 想定される賠償金額
- D&O保険の対象かどうかの判断

(3) 何を事故通知すべきか
　次の事項を確認して事故通知してください。
- 原告や原告となりそうな人の情報を含む，役員になされた損害賠償請求あるいは事故のおそれの詳細
- 損害賠償請求がなされた日，あるいは事故のおそれに気づいた日
- 役員に対してなされた損害賠償請求あるいは申立を含むやり取りや書面のコピー

(4) 損害賠償請求や事故のおそれがある場合の対応
- 賠償責任があることを認めないでください
- 和解や賠償金を支払うことを約束しないでください
- D&O保険が存在していることを情報開示しないでください

〔山越誠司〕

第12章 グローバル保険プログラム

> **Q12-1** グローバル保険プログラムの導入時の検討事項
>
> グローバル保険プログラムを導入すれば，海外子会社の役員も十分な補償を得られ，スケールメリットによる保険コストの削減につながりますか。

A グローバル保険プログラムは，海外子会社の役員の補償充実を保証するものではありません。ケースによっては，補償が狭くなることもあり得ます。一方，保険コストは削減されることは多いかもしれません。いずれにしても，いくつかの検討ポイントがありますので，丁寧に整理して推進する必要があります。

解説

D&O保険を国ごとに手配している企業であれば，グローバル保険プログラムを導入することでコスト削減につながるケースは多いと思われるが，日本で手配しているD&O保険で海外の役員を補償しているケース（無認可保険証券：non-admitted policy）では，現地保険証券を発行する分，コストアップとなる可能性がある。

また、補償内容についても国によって異なるため、グローバル保険プログラムを導入することが必ずしも最善策とならないケースもある。そのため、まずは現状把握を行い、どのような保険手配方法が最善なのか検討する必要がある。その際の注意点として、主に次の事項が考えられる。

---

① 既存保険の補償内容

　欧米に現地法人が存在している場合、すでに現地でD&O保険を手配しているケースが多く、安易に日本発グローバル保険プログラムに取り込み、現地保険証券を解約すると、現地における補償内容が劣化する可能性がある。また、海外で手配している既存の保険を残したまま、グローバル保険プログラムを手配した場合、重複保険となるケースも想定されるため、あらかじめ現地の保険証券を回収、約款分析の上、プログラム構築することが必要である。

② 保険金受取の問題

　ローカル保険証券における支払限度額を費消し、マスター保険証券を発動する場合、国によっては保険金を現地へ支払うことができず、日本の親会社に支払う保険約款となっているケースがある。その場合、親会社が現地子会社の役員への支払を行う必要があるため、送金規制の問題等をあらかじめ確認しておく必要がある。

③ 保険約款の問題

　日系保険会社の場合、和文保険約款をベースにマスター保険証券を発行するケースがある。その場合、外国人役員への説明、保険事故発生時の対応がスムーズに行われないことも想定されるため、英文約款での構築をあらかじめ依頼するなど、海外で損害賠償請求が発生しても機能する保険とする必要がある。

〔瀧山康宏〕

Q12-2 規制の緩い国の子会社

海外子会社は付保規制の緩い地域にあるため，日本の親会社の保険証券で補償し，現地保険証券を発行しないことで問題ないでしょうか。

A 各国の法規制は複雑で変更になることもあるので，安易な対応は望ましくないと思われます。十分検証した上で，ある程度のリスクも想定して判断する必要があるでしょう。

解説

日本国内でグローバル保険プログラムが普及する以前は，海外子会社も含めた無認可保険証券（non-admitted policy）が一般的に存在していた。しかし，付保規制の問題がない国は少ないと思われ，各種法令も変更になるので，多面的に検証することが望ましい。

〔瀧山康宏〕

Q12−3　規制の厳格な国の対応方法

D&O 保険のグローバル保険プログラムを採用していますが，当局の規制が厳しいインドやブラジルについてどのように対応すべきでしょうか。

A　規制の厳しい国については，グローバル保険プログラムに依存することなく，現地主導の単独保険証券を手配することが望ましいと思われます。

解説

インドやブラジルのように規制の厳しい国については，あえてグローバル保険プログラムのローカル保険証券を発行することなく，現地法人が現地の保険会社から単独保険証券（stand-alone policy）の D&O 保険を購入することを検討するのが望ましい場合がある。

たとえば，現地でローカル保険証券が存在しているとしても，一般的に日本円で１億円程度の支払限度額しかない場合が多く，発生した保険事故に対して十分な金額ではない場合もある。仮に，合計の損害額が３億円であるとすると，１億円はローカル保険証券で保険金を支払い，残りの２億円は日本のマスター保険証券から保険金を支払うことになる。このとき，日本から現地へ保険金を送金する際に現地の規制の問題が顕在化することになる。よって，あくまでも現地での単独保険を主たる保険と考え，現地主導のリスク管理を指向することになる。

また，ローカル保険証券で補償の対象外となる事案では，マスター保険証券で保険金支払をすることになる。一般的にローカル保険証券は，標準保険約款であることが多いので，現地法人が自ら交渉して補償内容や免責条項を決められる単独保険証券のほうが，現地の実情に合っていることがある。そのような意味でも規制の厳格な国においては，あえてローカル保険証券に頼ることなく，別途現地で単独保険証券を手配することもあり得る選択肢と考える。

〔山越誠司〕

Q12-4 アメリカの子会社役員を取り巻くリスク

アメリカの子会社役員を取り巻くリスクについて、どのような点が日本と異なりますか。

A アメリカでは、訴訟制度も原告弁護士の訴訟戦略も日本とは大きく異なり、機会主義的な訴訟も多く、日本では想定できない事案も多数発生しております。不当解雇や雇用差別に関する訴訟も多く、また、規制当局の調査なども積極的に行われますので、日本とはリスクの性質や規模も異なると考えてください。

解説

アメリカでは、ハラスメントや不当差別に関し企業側の責任を問われるケースや反トラスト法あるいはFCPA（海外腐敗行為防止法）違反を問われるケースが多く発生している。

雇用慣行リスクについては、別途雇用慣行賠償責任保険を手配し、法人および役員個人を補償しているケースも多いので、グローバルD&O保険プログラムを導入している場合は、それぞれの補償範囲を調整しておく必要がある。

また、政府、規制当局、その他公的機関による調査が役員および会社に入るケースがある。これらに関わる法的代理費用について、D&O保険の費用保険が機能するケースが想定される。

〔瀧山康宏〕

Q12-5　親子上場の場合の支払限度額共有問題

> 親子上場している企業グループで，グローバル保険プログラムを運営しております。グループで保険購入することで，保険料の削減効果と高額の支払限度額の確保を目的としたものです。一般的に親子上場自体に利益相反リスクがありますが，D&O保険でもこの影響を受けることはありませんか。

A 　親子上場の場合，D&O保険契約において両社役員間で利害対立の発生可能性があるので，支払限度額を共有せずに，上場子会社には個別の支払限度額を確保するなど検討する必要があるでしょう。

解説

親子上場の場合，D&O保険の保険金請求時に，両社の役員間で利害が対立する可能性がある。

たとえば，支払限度額を共有するため，子会社で不祥事が発生した場合，子会社役員が訴追されるのみならず，親会社役員も管理責任を問われる可能性があり，そのため，損害額が高額となり支払限度額が不足することがあり得る。

そして，保険契約者である親会社が子会社役員に対し損害賠償請求を行った場合，子会社役員にも保険金請求権があるため，親会社は子会社役員からの保険金請求を拒むことはできない。そのため，子会社役員からの保険金請求が先行して保険を費消したために，親会社役員がD&O保険の保護を受けられないというケースがあり得る。

以上のことから，1つの保険証券で複数社のリスクを補償するのではなく，少なくとも支払限度額は個別にしておくなどの工夫をしておいたほうがよい場合があり得る。

〔瀧山康宏〕

あとがき

　本書は，保険実務家・弁護士・研究者の共著というめずらしい体裁となりました。D&O保険という特殊な保険をそれぞれの視点で眺め，日ごろの問題意識を前提にQ&Aを作成しています。よって，現場で生じる疑問を広くカバーしているものと思います。

　本書の特徴としては，D&O保険の商品や保険約款の解説のみならず，D&O保険が対応するリスクについて，役員の義務や責任等の観点から最近の動向も含めて記述しています。また，D&O保険の内容については，現場で生じる素朴な疑問も含めて扱っており実務ですぐに活用いただけることでしょう。契約実務についても，突然対応しなければならない場面で冷静に処することができるよう，想定される特殊なケースについても扱いました。保険事故処理については，具体的な事案を想定し詳細に解説を加えています。このように，各執筆者がそれぞれの立場でD&O保険の実務に携わっているからこそ可能になった，他に類書が見当たらないオンリーワンの内容になっています。

　できあがってみると，一定の水準は維持しているものの，パンデミックの影響もあり，本書を企画してから2年以上の時間が経過していました。その間，オンライン会議システムでの打ち合わせをとおして何とかやり繰りしてきました。本業の隙間時間を活用しながらの執筆で，想定以上に遅れも生じました。また，理論的・体系的に構成することは十分にできておらず，拾いきれていないテーマもあることを認めざるを得ません。ただ，日々の実務的な視点を優先しているということでご容赦いただき，今後の課題とさせていただければ幸いです。

本書は各執筆者が持っている知見をできる限り読者に還元しようという思いが結実したものになり，読者の皆さまのお役に立てる内容であるという自信はあります。本テーマについてさらに活発な議論を促すためにも，皆さまのご意見やご批判をいただければ幸いです。

2024年7月

執筆者を代表して　山越　誠司

索　引

英数

FCPA ……………………………… 178

あ

アメリカ型 D&O 保険 ……………… 55, 72
違法配当 ……………………………… 5
インサイダー取引 …………………… 70
延長報告期間条項 …………………… 138

か

会計監査人 …………………………… 41
会社訴訟 ……………………… 3, 31, 45
会社訴訟担保特約 ……………… 44, 148
会社訴訟不担保特約 ………………… 4
会社補償 …………………… 7, 56, 127
確定判決免責 …………………… 72, 93
課徴金 ……………………… 51, 53, 74
虚偽記載 ……………………………… 40
グローバル保険プログラム
　　………………… 171, 174, 177, 179
経営判断の原則 …………………… 19, 21
国税庁 ………………………………… 64
告知義務違反 ………………………… 79
雇用慣行賠償責任保険 ……………… 77
雇用慣行リスク ……………… 75, 113, 114
雇用差別 ……………………………… 75

さ

最終完全親会社等 …………………… 29
サイド A ………………………… 56, 118
サイド B ………………………… 56, 118
サイド C …………………… 56, 68, 118
自己株券買付状況報告書 …………… 41
事故対応ガイドライン …………… 171

事故発生方式 ………………………… 101
証券訴訟 …………………… 9, 40, 44, 56, 69
譲渡制限株式 ………………………… 134
信認義務（フィデューシャリー・デューティー）……………………………… 43
請求事故方式 ………………………… 101
責任限定契約 …………………… 20, 114
総会屋 ……………………………… 31, 32
相場操縦 ……………………………… 70
訴訟告知 ……………………………… 38
訴訟参加 ……………………………… 38

た

多重代表訴訟 ……………………… 29, 48
単独保険証券 ……………………… 177
担保提供制度 ………………………… 31
担保提供命令 ………………………… 32
調査費用 …………………………… 5, 11
調査報告書 ……………………… 33, 45
提訴請求 …………………………… 136
提訴請求対応費用 ………………… 137
登記簿上の取締役 …………………… 17
独占禁止法違反 ………………… 51, 53

な

内部統制 ……………………………… 48
内部統制システム …………………… 87
内部統制報告書 ……………………… 41
日本型 D&O 保険 …………………… 55, 72

は

敗訴的和解 …………………………… 35
配分問題 ……………………………… 57
派遣役員賠償責任補償 ………… 126, 129
発行登録書 …………………………… 41

ハラスメント ……………………… 75	免責金額 ……………………………… 118
半期報告書 ………………………… 41	免責事由 ……………………………… 79
非上場子会社 …………………… 123	免責の分離条項 ……………… 72, 90, 92
費用保険 …………………………… 11	目論見書等 …………………………… 41
風説の流布 ………………………… 71	や
不提訴理由通知書 ………………… 36	
不当解雇 …………………………… 75	有価証券届出書 ……………………… 40
粉飾決算 …………………………… 46	有価証券報告書 ……………………… 40
文書提出命令 …………………… 33, 38	ら
弁護士費用 ………………………… 2	
保険金の配分 …………………… 119	ランオフ・カバー ………………… 108
補助参加 …………………………… 36	利害関係人 …………………………… 39
ま	立証責任の転換 ……………………… 42
	臨時報告書 …………………………… 41
マスター保険証券 ……………… 177	ローカル保険証券 …………… 175, 177
名目的取締役 ……………………… 17	

〈著者紹介〉
山越　誠司（やまこし　せいじ）
オリックス株式会社グループ人事部報酬チーム兼グループ総務部担当部長
1991年東洋大学法学部卒業。1993年東洋大学大学院法学研究科博士前期課程修了，日産火災海上保険株式会社入社。その後外資系保険仲介等を経て2004年オリックス株式会社入社。2012年フェデラル・インシュアランス・カンパニーを経て2016年オリックス株式会社に再入社し損害保険関連業務に従事，現在に至る。2020年日本保険学会賞（著書の部）受賞。2023年神戸大学大学院法学研究科博士課程後期課程修了，博士（法学）。
著書に，『先端的D&O保険の実効性と限界』（保険毎日新聞社，2023年），『先端的賠償責任保険』（保険毎日新聞社，2022年）等がある。

瀧山　康宏（たきやま　やすひろ）
共立インシュアランス・ブローカーズ株式会社　執行役員営業第二部長
1993年中央大学経済学部卒業後，日産火災海上保険株式会社入社。その後外資系保険会社，日系保険ブローカーを経て2010年共立インシュアランス・ブローカーズ株式会社に入社し現在に至る。グローバルD&O保険プログラムの設計・運営業務，企業向け保険プログラムに関するコンサルティング業務等に従事。
論文に，「インシデント発生前の予防を　サイバー保険導入・活用のポイント」（共著）ビジネス法務18巻6号（2018年）等がある。

木村　健登（きむら　けんと）
中央学院大学法学部准教授
2015年神戸大学法学部卒業。2017年神戸大学大学院博士課程前期課程修了。2020年同博士課程後期課程修了，博士（法学）。2020年より中央学院大学法学部専任講師を務め，2024年より現職。
D&O保険に関する論文として，「D&O保険に内在する理論的問題とその解決策(1)-（2完）——『エージェンシー問題への対処』という観点から——」損害保険研究79巻2号・79巻3号（2017年），「D&O保険の開示義務をめぐるカナダの法と実務」損害保険研究84巻1号（2022年），「D&O保険の配分（Allocation）をめぐる近時の議論」中央学院大学法学論叢37巻1号（2023年）等がある。

中西　和幸（なかにし　かずゆき）
弁護士
1992年東京大学法学部卒業。同年4月住友海上火災保険株式会社入社。1995年4月弁護士登録。田辺総合法律事務所入所（現在パートナー）。公認不正検査士（CFE）の資格を持ち，株式会社レナウン取締役，オーデリック株式会社監査役を歴任，現在株式会社グローバル・リンク・マネジメントの取締役監査等委員。司法試験・予備試験考査委員（商法）および金融庁企業会計審議会監査部会臨時委員の経験を持つ。
会社法，金商法，M&A，危機管理，不正調査，訴訟・保全・執行等を専門とし，著書に，『企業戦略としての役員報酬－設計・開示例をもとに』（清文社，2023年），『総務・事務局担当者のための社外取締役対応の現場Q&A』（中央経済社，2022年）等がある。そのほかに，雑誌記事や会社法関連の書籍を共著を含め多数執筆。

合田　卓朗（ごうだ　たくろう）

Chubb損害保険株式会社損害サービス本部コマーシャル損害サービス部 Casualty/Financial/Broker Claims Manager

2008年AIU損害保険株式会社（現：AIG損害保険株式会社）入社，2018年AIG損害保険株式会社退社，2018年Chubb損害保険株式会社入社，2024年現職。

損害保険業界における約16年間は火災・新種保険の保険金支払い業務を主に担当。和文および英文の企業賠償保険（自動車保険を除く）における事案対応を経験し，現在は企業賠償保険の保険金支払チームのマネージャー職に従事。

早坂　顕（はやさか　あきら）

Chubb損害保険株式会社損害サービス本部コマーシャル損害サービス部 Head Of Commercial

1991年三井海上火災保険株式会社（現：三井住友海上火災保険株式会社）入社，2019年Chubb損害保険株式会社入社，現職に至る。

三井海上火災保険株式会社入社以来 Non Marineクレーム部署での業務を歴任。企業分野における損害保険クレーム歴が長く，海外駐在時には数々の大規模災害を経験。
現職においては，Non Marine/Marine/Chubb Malti National Programをメインとしたクレーム部を統括している。

藤本　和也（ふじもと　かずなり）

Chubb損害保険株式会社法務部長兼プロダクト・ファイリング部長，弁護士（第一東京弁護士会）

共栄火災海上保険株式会社（2008年～2017年），AIG損害保険株式会社等（2017年～2018年）を経て，現在に至る。損害保険会社運営に関する法務全般を所管（保険法，保険業法，会社法，契約，訴訟等管理，人事・労務，監督官庁対応等）。

『企業法務のための訴訟マネジメント』（共著・中央経済社，2015年），『Q&A　家事事件と保険実務』（共著・日本加除出版，2016年），『交通事故事件対応のための保険の基本と実務』（共著・学陽書房，2018年），「重大事由解除の包括条項における信頼関係破壊要件と暴力団排除条項」勝野義孝先生古稀記念論文集『共済と保険の現在と未来』（文眞堂，2019），『ジョブ型・副業の人事・法務』（共著・商事法務，2022年），その他多数。

Q&Aでわかる
D&O保険の企業対応

2024年9月30日　第1版第1刷発行

著者　山　越　誠　司
　　　瀧　山　康　宏
　　　木　村　健　登
　　　中　西　和　幸
　　　合　田　卓　朗
　　　早　坂　　　顕
　　　藤　本　和　也

発行者　山　本　　　継
発行所　㈱中央経済社
発売元　㈱中央経済グループ
　　　　パブリッシング

〒101-0051　東京都千代田区神田神保町1-35
電　話　03(3293)3371(編集代表)
　　　　03(3293)3381(営業代表)
https://www.chuokeizai.co.jp
印刷／東光整版印刷㈱
製本／㈲井上製本所

©2024
Printed in Japan

＊頁の「欠落」や「順序違い」などがありましたらお取り替えいたしますので発売元までご送付ください。（送料小社負担）
ISBN978-4-502-50171-5　C3032

JCOPY〈出版者著作権管理機構委託出版物〉本書を無断で複写複製（コピー）することは，著作権法上の例外を除き，禁じられています。本書をコピーされる場合は事前に出版者著作権管理機構（JCOPY）の許諾を受けてください。
JCOPY〈https://www.jcopy.or.jp　eメール：info@jcopy.or.jp〉